The World of 5G

The World of 5G
Intelligent Finance

总顾问 / 邬贺铨　总主编 / 薛泉

5G的世界

智慧金融

王利华　主编

SPM 南方出版传媒
广东科技出版社｜全国优秀出版社
·广州·

图书在版编目（CIP）数据

智慧金融 / 王利华主编. —广州：广东科技出版社，2023.1
（5G的世界 / 薛泉总主编）
ISBN 978-7-5359-7902-5

Ⅰ.①智… Ⅱ.①王… Ⅲ.①第五代移动通信系统—通信技术—应用—金融 Ⅳ.①F830.49

中国版本图书馆CIP数据核字（2022）第126759号

5G的世界 智慧金融
5G de Shijie
Zhihui Jinrong

出 版 人：严奉强
项目策划：严奉强 刘 耕
责任编辑：刘锦业 刘晋君
封面设计：彭 力
插 图：徐晓琪
责任校对：陈 静
责任印制：彭海波
出版发行：广东科技出版社
（广州市环市东路水荫路11号 邮政编码：510075）
销售热线：020-37607413
http://www.gdstp.com.cn
E-mail：gdkjbw@nfcb.com.cn
经 销：广东新华发行集团股份有限公司
排 版：创溢文化
印 刷：广州市岭美文化科技有限公司
（广州市荔湾区花地大道南海南工商贸易区A幢 邮政编码：510385）
规 格：889 mm × 1 194 mm 1/32 印张4.75 字数95千
版 次：2023年1月第1版
2023年1月第1次印刷
定 价：29.80元

“5G的世界”丛书编委会

《5G的世界　智慧金融》

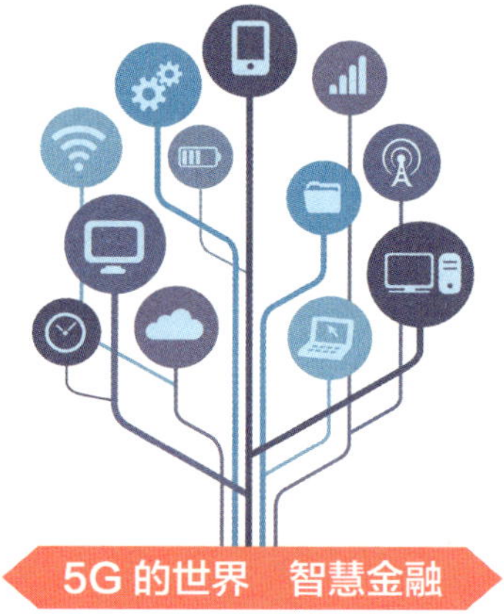
5G 的世界　智慧金融

序一

5G是垂直行业升级发展的引擎

我们正在逐步迈向一个数字化的时代，很多行业和技术都将围绕数据链条来展开。在这个链条当中，移动通信技术发挥的主要作用就是数据传输。如果没有大容量、高速率通信技术的支撑，很多应用如高清视频、多设备接入和多人实时双向互动等就很难实现。作为最新一代蜂窝移动通信技术，5G具备高速率、低时延、广连接、高可靠的特点。与4G相比，5G峰值速率提升30倍，用户体验速率提升10倍，频谱效率提升3倍，无线接口延时减少90%，连接密度提升10倍，能效和流量密度均提升100倍，因此可以支持移动互联网和产业互联网的诸多应用。

相比于前四代移动通信技术，5G最重要的变化是从面向个人扩展到面向产业。5G对个人通信服务势必会有很大的提升，但其真正的优势并不是像3G、4G那样直接服务于个人，而是服务于行业，为新一轮产业革命需要的万物互联提供不可或缺的高速、巨量和低时延连接。因此，5G不仅仅是单纯的通信技术，更是一种重要的“基础设施”。

预计到2035年左右，5G的应用将达到高峰。5G将主要应用于智能制造、智慧城市、智能电网、智能办公、智慧安保、远程医疗与保健和商业零售7大领域。

5G的重要性不仅体现在对诸多行业升级换代的极大

推动，还体现在它与人工智能的发展息息相关。人工智能的演进需要大量的用户案例和数据，5G物联网能够提供4G根本无法比拟的学习数据量，这对人工智能的发展具有十分重要的推动作用。也正因为如此，5G的领先发展成为推动国家科技和经济发展的重要引擎，也成为中美在科技领域博弈的焦点。

在这样一个大背景下，广东科技出版社适时推出“5G的世界”系列丛书。第一辑首发5个分册，已于2020年8月正式面世，包括《5G的世界 万物互联》《5G的世界 智能制造》《5G的世界 智慧医疗》《5G的世界 智慧交通》和《5G的世界 智能家居》。第一辑出版后引起了巨大的社会反响，获得“2020年全国优秀科普作品”“广东省委宣传部2020年主题出版重点出版物”“广东省出版集团2020年度好书奖”“2021年广州地区优秀科普图书作品”。同时，该丛书入选“2020年中国图书对外推广计划”，已输出7种外文（英文、俄文、波斯文、阿拉伯文、马来文、德文、葡萄牙文）版权，其中英文版已由新加坡世界科技出版公司出版。

广东科技出版社将继续推出“5G的世界”系列丛书第二辑，由华南理工大学广东省毫米波与太赫兹重点实验室主任薛泉教授担任总主编、华南理工大学车文荃教授担任副总主编，邀请相关领域的高校教授和行业专家担纲分册主编并组织编写。丛书第二辑包括5个分册，其中《5G的世界 智慧教育》由广东万嘉通通信科技有限公司协同华南师范大学、中山大学共同编写，《5G的世界 智慧媒体》由广东财经大学牵头编写，《5G的世界　智慧餐饮》由广东优信无限网络股份有限公司协同广东财经大学共同编写，《5G的世界　智慧金融》由广州广电运通金融电子股份有限公司编写，《5G的世界　智慧农业》由仲恺农业工程学院牵头编写。

第二辑主要聚焦教育、媒体、金融、餐饮、农业领域，呈现5G同那些与大众生活息息相关的行业融合的场景，并助推其“智慧”演进，为读者带来有味、有料的科普知识。同时，丛书准确把脉行业痛点，分析5G为行业发展带来的潜能，提供切实可行的应用案例，为业界同行提供有价值的技术参考。

5G已来，值得期待!

（中国科学院院士）

2022年9月30日

5G驱动行业升级发展

毫无疑问，5G作为最新一代移动通信技术而备受瞩目，它的来临使物联网应用大爆发，网络突破人与人的连接，开始出现人与物的连接、物与物的连接，世界像被织成了一张巨大的网络，万物互联的时代即将照进现实，而5G，则承载起这一时代的开端。

世界正处于向移动化转型的过程，人类每年都在消耗大量的数据，尤其是在短视频、小程序、音乐流媒体等日益普及的情形下，频段拥挤、服务中断等问题越来越严重，5G将担起构建互联网新业态的大任，破解眼下互联网的难题，弥补消费互联网动能的不足。5G作为新一代移动通信技术，将成为未来新一代信息基础设施的重要组成部分。与4G相比，5G具有高速率、低时延、广连接的技术特点，不仅能进一步提升用户的网络体验，为移动终端带来更快的传输速度，还能满足未来万物互联的应用需求，赋予万物在线连接的能力。

除了对通信产业有影响之外，5G也影响到众多垂直领域的升级换代，以服务支撑应用，以应用推动颠覆，逐渐形成一种行业跨度极广、影响极其深远的5G产业生态。在5G产业生态里，通信服务的整体创新升级将驱使各通信行业承载VR/AR、物联网、人工智能等科技新星驶向覆盖全领域、颠覆全行业的5G海域，在未来科技应用的无限可能中扬帆起航。

如果说VR/AR、物联网、人工智能将成为支撑一个国家未来经济增长的基础，那5G则是推动经济增长的催化剂。

在2020年，广东科技出版社牵头组织了“5G的世界”系列丛书第一辑的编写与发行，由华南理工大学广东省毫米波与太赫兹重点实验室主任薛泉教授担任总主编，带领各领域专家共同完成。薛泉教授多年潜心研究5G前沿核心技术，洞悉5G技术与相关产业的融合态势，使丛书呈现出极具5G个性的高端科普特色。丛书第一辑聚焦万物互联、智能制造、智慧医疗、智慧交通、智能家居等领域的应用前景及升级赋能，向读者呈现了5G为垂直行业带来的巨变，为读者建构科学认知、观照技术进步、应对新挑战贡献理性洞见。丛书第一辑的出版，获得了行业内外的认可及好评。

自2021年起，“5G的世界”系列丛书第二辑在众人的期待下陆续推出，丛书第二辑将聚焦教育、媒体、餐饮、金融、农业等与人们生活密切相关的领域，包括《5G的世界　智慧教育》《5G的世界　智慧媒体》《5G的世界　智慧餐饮》《5G的世界　智慧金融》《5G的世界　智慧农业》5个分册。由华南理工大学、华南师范大学、中山大学、广东财经大学、仲恺农业工程学院、广东万嘉通通信科技有限公司、广州广电运通金融电子股份有限公司、广东优信无限网络股份有限公司等高校和科技企业的专家、教授、行业翘楚共同打造。这种跨行业的融合创作，使丛书既注重技术性，也颇具趣味性和可读性。专家们直击行业命脉，以真实案例分析行业与5G融合的优势和挑战，向读者展示未来5G产业生态与各产业融合的全新图景，让读者切身感受行业融合为生活带来的巨大改变，不但可以满足广大读者对5G的求知欲，还可以启发相关从业者抓住5G这一经济增长新引擎带来的新机遇，拓展思路，实现新的突破。

未来已来，一场前所未有的技术浪潮奔涌而至，让我们一起迎接这个全新的5G大时代吧！

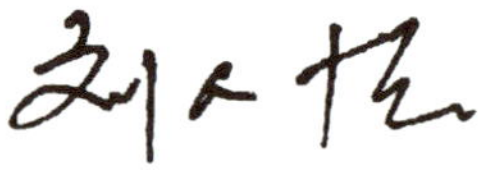

（中国工程院院士）

2022年9月10日

目录

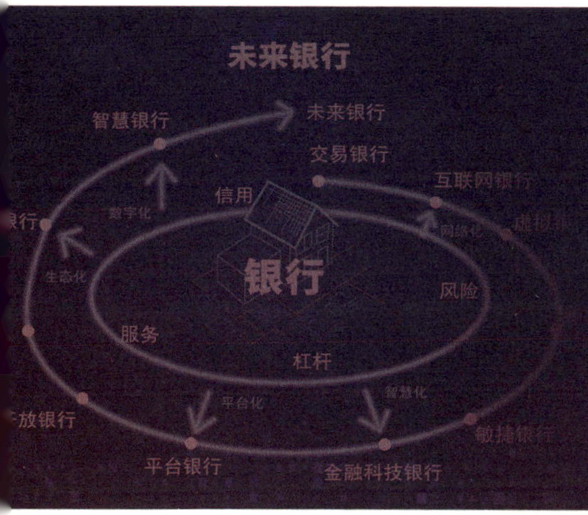
未来银行
智慧银行
未来银行
交易银行
互联网银行
信用
数字化
网络化
银行
生态化
风险
服务
杠杆
平台化
智慧化
敏捷银行
平台银行
金融科技银行

第一章 智慧金融的发展

一、金融的前世今生

金融通常被理解为货币或货币资金余缺的融通、调剂活动的总体。作为一个经济范畴，其内涵可表述为经济生活中所有货币资产借贷、买卖等活动，以及在信用基础上组织起来的货币流通这两个不可分割的部分的集合。

金融起源于交易，而频繁的交易则基于城市的出现。有西方史学家认为，最早的城市诞生于两河（幼发拉底河与底格里斯河）流域（也称美索不达米亚），不仅如此，最早的文字、法律、合同、数学计算都是美索不达米亚文明的产物。公元前4000—前3100年的乌鲁克时期，苏美尔人逐渐在两河流域建立了史上最早的城市之一，图1-1中的这些黏土标记可能是在楔形文字诞生前最早被用来记录农业牲口数量的计数器，存于巴黎卢浮宫。

图1-1　巴黎卢浮宫收藏的古代黏土

楔形文字的诞生更源于经济行为。最早的石碑出现在乌鲁克时期的公元前3200—前3100年期间。得克萨斯大学奥斯汀分校的著名文字学学者丹尼斯·施密特·贝赛拉发现这些石碑上的楔形文字和黏土标记存在着大量的对应关系，石碑上记录的主要内容便是交易内容。在交易记录中，专家们还发现，代表“十”和“一”的符号有着明显的区别，这意味着当时的人们要表示“三十三”这个数字，已经不需要用33个记号，而可以只用7个符号来表示，这是一个质的飞跃。

随着计算和文字的逐渐成形，以及古巴比伦文明形成了早期的城邦、信贷关系，乃至复利的概念开始出现，金融机制逐步形成。公元前5—前3世纪期间，雅典和罗马先后出现了银钱商和类似银行的商业机构。在欧洲，从货币兑换业和金匠业中发展出现代银行。1580年，在意大利的威尼斯出现了世界上最早的银行——威尼斯银行。1694年英国建立了第一家股份制银行——英格兰银行，这为现代金融业的发展确立了最基本的组织形式。此后，各资本主义国家的金融业迅速发展，并对加速资本的积聚和生产的集中起到了巨大的推动作用。19世纪末20世纪初，主要资本主义国家进入垄断资本主义阶段。以信用活动为中心的银行垄断与工业垄断资本相互渗透，形成金融资本，控制了资本主义经济的命脉。

中国金融业的起点可追溯到周朝出现的办理赊贷业务的机构，但由于长期的封建统治，现代银行在中国出现较晚。鸦片战争以后，外国银行开始进入中国，最早（1845年）进入中国的是英国的丽如银行。随后又有英国的麦加利银行（即渣打银行）和汇丰银行、德国的德华银行、日本的横滨正金银行、法国的东方汇理银行、俄国的华俄道胜银行等相继进入。中国人自己创办的第一家银行是1897年成立的中国通商银行。辛亥革命以后，特别是在第一次世界大战开始以后，中国的银行业开始有了较快的发展，银行逐步成为金融业的主体，钱庄、票号等相应退居次要地位，并逐步衰落。在现代金融业中，各类银行占据主导地位，除银行外，现代金融业中还包括各种互助合作性金融组织（如合作银行、互助银行、信用合作社等）、财务公司（或称商人银行）、贴现公司、保险公司、证券公司、金融咨询公司、专门的储蓄汇兑机构（储金局、邮政储汇局等）、典当行、金融交易所（证券交易所、黄金交易所、外汇调剂市场等）和资信评估公司等。现代金融业的经营手段已十分现代化，电子计算机和自动化服务已相当普及，金融科技的发展更进一步推动了金融业的飞跃。

二、金融科技的发展历程

根据金融稳定理事会（Financial Stability Board，FSB）的定义，金融科技是指技术驱动的金融创新，它能创造新的模式、业务、流程和产品，从而对金融市场、金融机构或金融服务的提供方式产生重大影响。在科技发展的过程中，改变的是金融业务的表现形式，不变的是金融业务的逻辑运用关系，如图1–2所示。

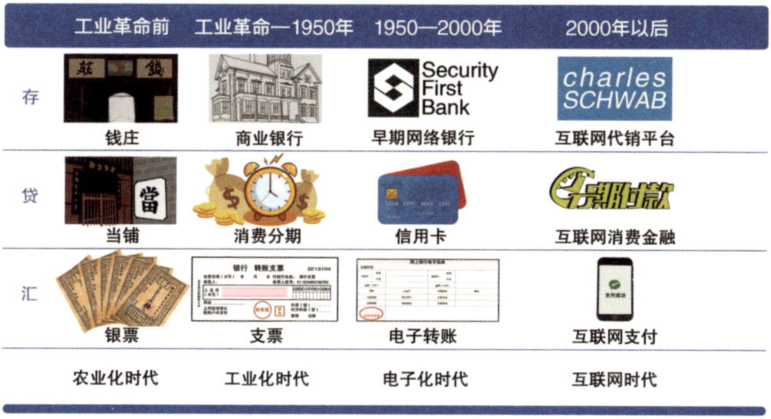

图1–2　科技改变金融业务模式

（1）农业化时代：生产效率较低，金融活动不活跃。

在工业革命之前，货币载体经历了从实物货币到金属货币，再过渡至信用货币的转变，但社会生产效率整体偏低，资源配置需求不强，金融活动不活跃。

（2）工业化时代：以实物、实地交易为主，金融运行效率较低。

工业革命以后社会生产效率提升，金融活动趋于频繁，最早的消费分期即来自消费者对缝纫机的购买需求。但金融交易仍然没有摆脱实物、实地交易的模式，金融运行效率偏低。在这个阶段，金融活动主要围绕商业银行展开，支票等商业票据开始普及。

（3）电子化时代：计算机技术及通信技术应用增加。

20世纪50年代至20世纪末，计算机技术及通信技术在金融行业广泛渗透，极大地改变了金融业的经营模式。通过应用计算机技术和通信技术，金融业务能够实现自动化处理、信息化管理和科学化决策。信息化时代的代表性金融产品有银行卡、自动提款机（ATM）/销售终端（POS）。金融业务的电子化使得金融业的发展加快，业务效率得到了极大提升。

（4）互联网时代：科技+互联网，金融业蓬勃发展。

2000年之后互联网的快速发展，以及2010年之后移动互联网的快速发展，为金融业务升级提供了新的模式。一方面，金融业务可以更大限度地跨越空间上的限制，跨区域业务的经营效率大幅提升；另一方面，金融业务可以触达原本难以获得的客户，降低了金融业务的门槛，金融业务客户群基础得到拓展。随着金融业务数字化程度的提高，数据科技的重要性日益提升。金融业务日趋长尾化、高频化，业务数据较之前有了指数级的增长。同时，海量的客户行为数据为金融机构分析客户行为提供了依据，基于不同客户的行为逻辑，金融机构能够为客户提供最符合其需求的服务，实现业务的智能匹配。

（一）中国金融科技的发展历程

金融业具有交易密集型和信息密集型特征，以及与信息技术高度融合的天然属性。从20世纪70年代以来，中国金融业的发展随着信息技术和通信技术的发展不断升级、更新迭代。可以说，金融业总是走在信息技术应用的前沿，是信息技术应用的先锋。根据中国金融业信息技术发展的不同阶段特征，中国金融业信息技术的发展历程可以划分为金融电子化时期、金融网络化时期、金融线上化时期和金融数字化时期。

1. 第一阶段：金融电子化时期

20世纪70年代到90年代初，属于金融电子化时期，即用电子计算机处理替代手工操作。20世纪70年代，中国银行引进了第一套理光-8型（RICOH-8）主机系统，标志着中国金融行业正式拉开了信息技术（IT）发展的序幕。当时的IT应用主要是利用计算机处理速度快、计算精度高、功能丰富的特点，使用计算机处理替代手工操作部分银行业务，实现了对公业务、储蓄存款业务、后台联行业务、会计核算业务等日常业务的自动化处理。这一阶段主要采用单机版的处理方式。

2. 第二阶段：金融网络化时期

20世纪90年代初到21世纪初，属于金融网络化时期，即金融行业计算机信息系统逐步实现了机构内部联网和跨行联网，金融机构实现了数据大集中。金融网络化是伴随着通信技术的进步而发展起来的。1991年4月1日，全国电子联行系统在中国人民银行的金融卫星通信系统正式运行，标志着金融行业信息系统进入了全面网络化阶段。在中国人民银行的金融卫星通信系统上，除了银行业务的应用外，还应用了中国证券交易自动报价系统，使全国形成了一个统一、公平、合理的证券交易市场，计算机在金融业的广泛应用翻开了崭新的一页。20世纪80年代末，自动柜员机、自助银行开始进入中国，金融网络化服务从人工办理拓展到自助办理。

3. 第三阶段：金融线上化时期

21世纪初到2015年左右，属于金融线上化时期，即金融业务接入互联网，实现线上办理。线上化服务是伴随着互联网、移动通信和智能手机的发展而实现并逐步升级的。从“网上银行”到“手机银行”，从网上证券营业厅到“掌上证券”，金融服务逐步实现了从网点办理到线上办理，从“足不出户”办理到随时随地移动办理的飞跃。金融线上化办理带给金融用户的体验又是一次质的改变，科技带给金融的便捷性让广大金融用户有了更直观的体验。金融服务呈现出更强的便捷性、多样性，金融服务由此也与广大金融用户连接得更紧密了。

这个时期，在金融业态方面，出现了“互联网金融”，在金融机构运用互联网延伸金融服务的同时，互联网企业也开始进军金融服务领域。2011年5月18日，中国人民银行正式发放第三方支付牌照，当年中国人民银行共向27家第三方支付公司发放支付牌照，标志着互联网与金融结合的开始。互联网金融从支付开始，逐步进入理财、信贷、信用评级等领域，给传统金融带来了挑战。

4. 第四阶段：金融数字化时期

从2016年开始至今，随着人工智能、区块链、云计算、大数据、物联网、5G通信等新一代信息技术风起云涌，金融业信息技术全面进入数字化金融科技时期。这个时期，金融业信息技术应用的主要特点是全线条、全方位、数字化、智能化、开放化、生态化。金融服务、金融管理更加智慧。

金融科技旨在运用现代科技成果改造或创新金融产品、经营模式、业务流程等，推动金融发展提质增效。在数据要素、数字技术等“新动能”的催化下，以数字金融、智慧金融为典型代表的金融科技为金融业的转型升级与高质量发展提供了“新方略”。在数字经济发展的大背景下，金融数字化发展已成明确的趋势，并将在较长时期深刻影响金融业未来的发展。

（二）西方国家金融科技的发展历程

1. 金融科技1.0阶段（1980—1989年）

这一阶段属于金融科技萌芽期。金融科技的概念最初形成于金融机构的IT部门，他们希望利用金融科技来存储、处理庞大的用户数据，提高金融机构运营效率，典型的是银行的信贷系统、清算系统等。

2. 金融科技2.0阶段（1990—2010年）

这一阶段属于金融科技起步期。金融行业随着互联网技术的发展而进入新阶段，金融业搭建线上业务平台，获取客户资源和信息，本质上是渠道变革。此外，这是金融科技第一次独立于金融系统，比较典型的是移动支付、点对点借贷（P2P）、云联网保险等。

3. 金融科技3.0阶段（2011年至今）

这一阶段属于金融科技快速成长期。现阶段IT领域新的智能化技术，如大数据、云计算、人工智能、区块链等与金融业务紧密结合，在信息采集、投资决策、风控等方面给金融业带来变革，比较典型的是大数据征信、智能投顾、供应链金融等。西方国家注重对传统金融行业的支付清算系统、基础征信系统、账户体系和客户身份识别等金融基础设施领域进行数字化改造升级。

（三）全球金融科技行业市场规模现状

整体来看，全球金融科技市场规模体量巨大且保持逐年增长势头。2020年，全球金融科技市场规模突破6万亿美元，其中电子支付是最主要的贡献环节，规模超过4万亿美元，预计2022年全球的金融科技市场规模将达到7万亿美元。从全球金融机构的信息技术投入情况来看，2019年IT研发投入达到260亿美元，同比增长5.9%。2020年受新冠肺炎疫情影响，IT投资领域在短期内受到冲击，但疫情期间互联网金融的线上非接触式服务优势凸显，预计未来金融机构的IT研发投入将继续保持增长态势。

中国2019年金融科技市场营收规模达到1.44万亿元，同比增长48.6%；2020年金融科技市场营收规模增至1.9万亿元，增速约32%。金融科技市场规模将持续高速增长。过去五年，中国证券行业IT研发投入在细分金融行业中增速最快，年均复合增长率约为20%。2020年三大金融业领域继续增加对金融科技的研发投入，各机构都已将IT系统视为未来业绩增长的重要引擎，相关投入规模有望可持续增长。

三、中国智慧金融发展现状

（一）智慧金融主要发展方向和数字化转型方式

智慧金融的发展离不开金融业数字化转型，金融业数字化转型不是单纯地堆砌各类数字技术，而是通过应用数字技术，实现以创新商业模式、提高效率、提升营销能力和风险控制能力为目标的整体经营管理转型。数字化转型是建立在数字化转换、数字化升级的基础上，进一步触及核心业务，以创新商业模式为目标的高层次转型。

1. 智慧金融的主要发展方向

第一，提升运作效率。国内六大国有商业银行对前台业务开展数字化集中操作改造，建立“集中作业中心”，将120多类柜台业务和服务集中处理，通过优化流程和前后台联动实行集约化运营，业务交易时间节省了60%以上，客户体验大幅改善；信贷业务应用新兴信息技术和信贷工厂模式，审批时效提升了90%，信用类贷款从30天缩短至1天，担保类业务从36天缩短至3天；贷款逾期率下降了60%；不良资产化解能力提升了20%。

第二，提高差异化竞争能力。金融机构通过产品和模式创新改变了同质化竞争的传统格局。以财富管理为例，投资顾问服务通常作为高端附加服务的业务，仅为少数高净值客户提供，而中低净值财富管理市场由于缺少差异化的投资顾问服务，金融机构销售产品呈现高同质化现象。依托人工智能等新兴技术，许多金融机构推出智能投资顾问产品，大大降低了服务边际成本，使投资顾问业务覆盖更多中低净值客户群体。

第三，提升普惠金融的服务能力。中小微客户融资难、融资贵的根本原因是业务双方信息不对称和融资主体信用不完善。金融机构运用大数据、区块链等新兴技术，可以更好地解决中小微企业金融信用评估、风险定价、跟踪监控等方面的难题，提高中小微企业信用贷款的可得性，切实降低中小微企业的融资成本。与此同时，金融机构应用数字化业务管理系统，提升了资金运作效率、降低了业务投入成本，将提效降耗带来的技术红利更多地惠及广大客户。

第四，为完善社会信用体系、建设法治化市场环境提供技术支撑。金融数字化转型的一个显著效应是解决了金融机构各自为战和“数据孤岛”等征信体系建设中的痼疾，通过数字化手段等创新金融服务，特别是面向中小微客户的普惠金融服务，使金融机构积累起海量的信用数据资源。通过技术处理和制度安排，将业务终端收集到的信用信息授予权威的专业征信机构，征信机构再利用大数据技术对底层信息进行加工处理，最终不断完善全社会的征信数据库。

2. 智慧金融的数字化转型方式

（1）零售银行业务数字化转型。

近年来，零售银行业务与新一代信息技术相结合，无论是前台运营、营销，还是中后台风控、管理，都呈现出欣欣向荣的数字化转型面貌。在线下，商业银行网点运用5G、大数据、人工智能、多媒体交互屏开展场景化改造后，一座座科技感强、温馨又活跃的5G智慧银行就展现在人们眼前，增强了客户体验、拓展了生态合作；网点人员可以携带便携式移动展业设备走出网点，到商贸市场、社区、楼盘、校园，上门为客户办理业务，延伸了服务半径。在线上，运用大数据、人工智能、云计算等技术，商业银行在线上平台可以提供便捷的线上交易，并运用数字化营销、智能风控等技术，实现营销服务和风险防控的流程化、智能化，使线上服务更精准、更便捷，覆盖人群更广；人工客服平台结合智能音视频技术、文本机器人技术、语言机器人技术，形成了智能客服，并进一步形成了远程银行服务模式。在前台，客户经理借助精准营销、智能投资顾问、线上评级等工具，为客户提供更专业、更快捷、更有针对性的理财和信贷服务；在后台，风控人员借助知识图谱、模型设计、视觉算法监测等工具，实现了智能化风控管理，提高了反洗钱、反欺诈、异常行为监控等风险管理能力。

（2）公司银行业务数字化转型。

公司银行业务是传统商业银行生存和发展的基石。公司银行业务在数字化转型和金融创新方面相比零售银行业务，步伐较慢、创新项目较少，但公司银行业务的数字化转型更多着眼于平台服务模式的创新，在加强与大客户拓展合作方面具有较强的影响力和取得了较明显的成效。如：银企直连实现了公司业务的线上化服务，供应链金融实现了对供应链上下游主体的平台化服务，开放式缴费平台实现了对企事业收费事项的开放化服务，产业金融实现了生态化服务，对公客户关系管理系统（CRM）运用数据库、关联图谱等技术加强了对公客户的洞察和管理，智能对公账户开户审查提高了公司开户效率，等等。

（3）金融市场业务数字化转型。

金融市场业务（包括投行业务）具有知识密集、资金密集、交易金额大的特点，业务运作管理功能链条长，需要一套功能综合、运作高效、大数据处理能力强的信息化系统。

信息化、智能化正在重塑投研模式、风控管理模式、运营管理模式、交易管理模式和渠道拓展模式。投研方面，以往的投资研究更多依靠投资经理个人及团队的投研能力，随着新技术的应用和信息处理能力的提高，去中心化（去明星化）的投研模式兴起，“数据处理”正逐步取代“人力分析”，成为投研能力建设的关键因素；风控管理方面，风险管控正逐步由人工核查转为借助大数据分析体系和风险模型开展风险识别、监测和预警，风险控制日趋前移，从投后监控扩展到投中控制和投前预警，通过风险预测支持投资决策，提高风控效率，提升投资风控管理能力；运营管理方面，新一代信息技术赋能运营管理实现流程化、自动化，运用光学字符识别（OCR）、机器人流程自动化（RPA）等技术，实现人机一体化、智能化的交互，打破系统断点、减少人为操作，降低操作风险；交易管理方面，为把握住市场上稍纵即逝的投资机会，用程序化交易代替传统的手工下单，利用计算机优异的运算性能，可以提高标准化操作水平，克服人为的负面心理，同时可以降低高昂的人力成本；渠道拓展方面，运用先进的应用程序接口（API）开放技术、超文本5.0（hypertext markup language 5，HTML5）页面嵌入等方式，可以快速拓展金融产品的线上销售渠道，建设场景化金融，同时，通过加强数据管理，提高数据算力和存储能力，可以更好地支撑渠道拓展带来的业务量的快速提升，保障各渠道产品交易顺畅。

（二）智慧金融带来的好处

1. 智慧金融加强金融风险管理

风险管理是金融行业的核心功能，风险防控能力也是金融机构的核心竞争力。传统的风险防控多依赖人工经验，开展人工检查、核查，风控环节普遍存在信息不对称、依赖人为经验和主观判断、时效性差、效率低等问题。近些年随着人工智能、区块链、云计算、大数据、物联网等新一代信息技术的发展，智能风控技术随之发展起来，可以比较好地解决金融行业在一些领域的风险防控问题，如反欺诈、反洗钱，贷前检查、贷中审查审批和贷后检查，安防检查，等等。智慧金融助力金融机构加强风险防控，加强全面风险管理，扩大业务领域。大数据技术在智能风控中的应用主要包括：多行业数据连接、模型搭建、数据分析、综合信用评分、合规监测等，多应用于反洗钱、反欺诈、信贷审查审批、违规模型跟踪分析等。

2. 智慧金融赋能普惠金融高质量发展

金融行业信息技术逐步升级迭代的过程，也是普惠金融程度逐步提高的过程。从单点办理到联网异地办理，从线下网点办理到线上自助办理，从定点办理到移动办理，从行内办理到行外跨界办理，金融服务越来越便民，可得性越来越强。新一代信息技术推动的金融科技创新进一步促进了普惠金融的发展，使金融的普惠性更加凸显，为普惠金融的大规模、可持续发展奠定了坚实的技术基础：移动支付、二维码支付使支付更加便捷；财富管理智能化使普通民众更便利地获得财富管理资讯和资产配置专业支持，促进资产增值；智慧风控在信贷技术中的应用可促进信贷产品覆盖更广泛的人群，消费信贷产品、经营性小额信贷产品更加丰富，普通市民、农户、创业人士和中小微企业更易获得信贷支持，中小微企业融资难、融资贵的问题得到一定程度的改善，金融支持实体经济的能力得到提升。现阶段，数字技术促进普惠金融高质量发展主要体现在以下几个方面：

（1）数字技术降低了普惠金融的交易成本。金融交易成本主要包括获客成本、风险管理成本、运营成本和资金成本。信息技术和互联网的发展使金融服务更快捷地触达用户，降低了金融机构的获客成本；智能风控降低了风险管理成本；科技的发展使金融服务模式向线上化转移，降低了运营成本；数字技术促进了批量客户的发展和长尾客户的维护，改变了靠拼价格的资金吸收方式，降低了资金吸收成本。

（2）数字技术增强了普惠金融的风险防控能力。首先，大数据、人工智能、物联网等技术集成了多行业的数据应用，使交叉风险评估和综合信用评分成为可能，运用信用评分，使原有资信信息较少的人群可以更易获得信贷。其次，数字技术也有利于信息透明，加强风险分析、预测，贷后检查、逾期催收等风险管理工作也更容易开展。最后，普惠金融的大力开展有利于风险分散机制的实现，从总体上降低金融机构的信用风险。

（3）数字技术拓展了普惠金融服务的供给范围，提高了供给能力。金融业数字技术应用、数字化转型就是一场深刻的供给侧结构性改革。数字技术提高了金融服务的可得性，通过改进信用评估，使原来无法获得信贷支持的中小微企业和弱势人群可获得信贷，扩大了普惠金融的服务范围，提高了普惠金融的服务水平，提升了普惠金融的包容性，体现了普惠金融服务的公平、共享，从而推动普惠金融实现高质量发展。

3. 智慧金融赋能财富金融蓬勃发展

智慧金融的发展让财富金融在产品分析、专业支撑、客群挖掘、客群分层维护等方面有了更多抓手和工具，促进财富金融蓬勃发展。

第一，各家银行都开展了线上+线下相结合的综合金融服务，保险行业、证券行业更是依靠App实现了基本的保险交易、证券交易，财富管理服务效率大幅提升。第二，越来越多的金融机构使用客户关系管理系统和智能投资顾问工具，借助大数据分析、机器学习等智能技术，更精准、全面地洞察、了解客户的风险偏好和财富管理需求，为客户提供更多个性化的资产配置方案。第三，金融机构借助线上渠道触达客户，并建立线上营销机制（如客户经理云工作室），与客户形成更紧密的互动关系，加强客户维护，从而及时协助客户调整和优化资产配置方案，帮助客户更好地实现财富管理规划。第四，许多金融机构建立了自上而下的财富顾问专业团队，并结合线下远程视频等工具，赋能线下营销展业，为基层理财经理提供专业支撑，为客户提供专业理财顾问服务，提高了全行财富管理的专业度。第五，不少金融机构上线了资产配置自动调整工具，帮助客户根据自设盈利率水平，及时控制风险，让客户轻松理财。第六，财富管理通过API

开放工具，更多地从金融机构平台嵌入互联网平台、行业交易平台等，拓宽了财富管理渠道。第七，随着数字化转型在场景化、生态化方向的拓展，财富管理的权益类型更加丰富，包括线上权益和线下权益，满足不同财富客户偏好的能力增强。第八，数字化转型促进了金融机构投研能力、运营能力的提升，理财产品更加丰富，理财工具的功能更加强大，客户理财购买的可选性更加多样。

（三）智慧金融现存的问题

在金融市场的不断发展中，技术是重要的驱动力。继“互联网+金融”之后，“人工智能+金融”又是一个重要的发展趋势，“智能金融”不单单是人工智能和金融的简单叠加，还是人工智能技术与金融业务场景融合后的表现形式，是经人工智能赋能后的金融新业态和新模式。

1. 人工智能等技术应用尚待完善

根据中国互联网金融协会对A股88家上市金融机构2019年年报的统计分析，73%的上市金融机构已开展人工智能应用，主要的应用场景为智能风控、智能客服和智能营销，机构的占比分别为47%、41%和32%。其中，上市银行在人工智能的应用方面更为积极，超90%的上市银行已开展相关的应用探索。

总体来看，人工智能在我国金融领域中已获得一定的应用成效，但人工智能技术本身尚处于不断发展演进的过程，它在金融领域中更大规模的应用落地上，还面临数据、成本、安全、人才等各种显性和隐性的障碍。而5G作为新型基础设施，与人工智能、云计算、大数据、区块链等新技术协同的能力进一步增强，可以为金融机构提供全面升级和更丰富的5G+产品组合，将给金融机构的前、中、后台带来新变化和新可能。

2. 数据维度多元及质量难以把控

数据是智慧金融发展的重要基础元素，在互联网及金融科技蓬勃发展的背景下，客户的交易渠道多元化，例如电商交易、社交网络转账等。交易数据的维度多元化，造成数据复杂性增加。客户的交易数据分布在多个应用场景中，增加了智慧金融数据收集成本。若对金融客户的交易数据信息收集得不全面，便不能形成对客户的完整画像，最终会导致金融机构无法精准地对客户进行评估并推荐其青睐的产品，进而影响客户体验。

5G带来的丰富的链接手段能够为金融业丰富感知数据打下基础，基于5G形成的万物互联也意味着数据维度更全面、数据规模更庞大，集中大量数据成为金融业运行的关键。

3. 金融机构全闭环的标的物感知存在短板

现有的各类金融产品设计都建立在对标的物感知的基础上，而金融产品是涉及多个市场主体的闭环，全流程、全环节的感知是金融机构降低风险、提高效率的关键，但其中并非所有环节都能够被有效感知到，这给产品设计、定价、风险管控带来了一定困扰。近年来，金融机构在产品设计中广泛采用2G/3G/4G、Wi-Fi、有线宽带等通信技术形成对象感知，但由于这些传统通信手段在带宽、可靠性、安全性、灵活性等方面都存在一定的短板，导致在金融业务中形成一些感知断点。5G通信弥补了传统通信手段的短板，在很大程度上也能弥补这些金融业务的感知断点。

4. 人工智能技术发展下的金融科技监管面临挑战

随着金融科技的广泛应用，金融产业生态发生深刻变革，金融交易规模和交易频率呈几何级数增长，金融行业风险呈现出跨领域、分散化和复杂化的新特征。5G的出现改变了传统模式下事后的、手动的、基于传统结构性数据的监管范式，建立了实时、动态、高效的，覆盖事前、事中、事后的全流程主动识别监管体系和风险防控体系。

四、小　结

在金融机构主动拥抱金融科技，推动金融创新与变革的风口下，金融机构的智能化升级刻不容缓，“AI+金融”的智慧金融FinAI模式应运而生。人工智能技术作为金融行业未来发展的核心驱动力，与大数据、区块链等技术一道，促进金融行业创新和服务升级。智慧金融解决方案通过运用人工智能核心技术，以机器学习、知识图谱、自然语言处理为主要驱动力，为金融各类业务环节赋能，对金融行业的产品创新、流程再造、服务升级进行优化，降本增效，加速金融业数字化转型。从金融业发展的角度来看，5G与金融业融合应用具有双重目的，一方面通过5G应用赋能金融服务实体经济的能力，提升普惠金融发展水平，另一方面也加速金融移动化和线上化的迁移，助力金融业数字化转型。

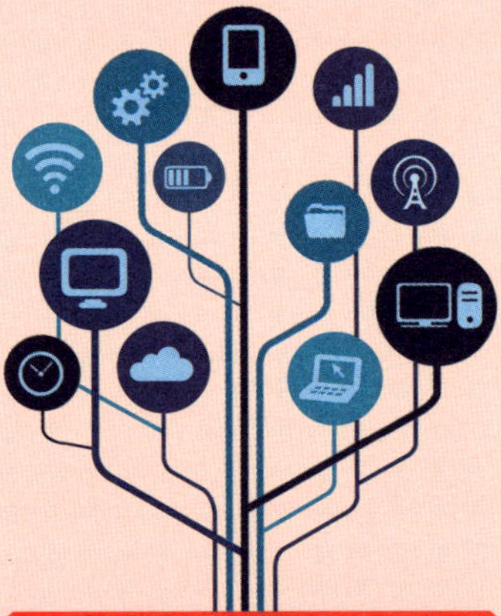

5G 的世界　智慧金融

第二章

5G与金融科技的融合探索

一、引　言

第一章我们介绍了金融行业的前世今生，从远古时期最古老的以物易物发展到如今的金融与科技相结合，从最原始的贝壳货币到如今完善的金本位货币体制，人类经历了数千年的时光。金融业发展至今，已经成为人类生活不可或缺的一部分。每个人的生活都离不开金融，无论是衣食住行，还是投资理财，这些都是金融。在不知不觉中，每个人都已经成为金融世界的一分子。

近几十年，科技发展呈现出质的飞跃。手机走进人们的生活，移动网络连通世界，移动支付如今更是遍地开花。手机支付已经成为中国乃至全世界人民的日常支付方式之一。

金融融合科技，带来的不仅是全新的生活方式，还为未来金融行业的发展提供了新的思路。传统金融行业的变革自此而始，一种崭新的模式映入人们的眼帘。智慧金融是一个宏观的概念，它依托于各种科技的应用向人们展现出它的强大，本章编者将带领大家具体地感受当最新一代移动通信技术——5G技术与传统金融行业相结合时，会碰撞出怎样的火花。

二、5G技术简介

5G技术主要通过无线技术，使用大规模天线阵列、超密集网组、新型多址和全频谱接入等技术，大幅度地提高频率利用率，实现移动宽带的可靠性提升、时延性降低、连接能力增强。5G技术在网络技术上发展衍生出云能力、虚拟能力、网络切片能力。5G技术虽然是无线技术，但是它的大宽带、低时延、广连接、高可靠能力，能把云计算、物联网、大数据、人工智能、区块链及工业互联网等新一代信息技术无缝融合，打通数据采集、传输、存储、处理、分析、决策的全过程，使数据发挥作为生产要素的作用。

5G技术助力云—边—端协同数据处理，借助5G的传输，终端的计算可以向云端迁移，终端不需要下载核心软件，降低了终端的成本，即插即用。而且云—边—端数据的协同能降低延时，改进用户的体验。例如，VR视频如果仅靠手机来实现渲染，手机会发热，而且用户体验不好。现在手机与边缘计算、云计算合作，手机负责前景，边缘计算负责背景，云计算负责综合处理，如图2-1所示。

5G技术有以下特点：高速率、低时延和广连接。在接下来的章节里，我们将带领大家看看5G技术如何发挥自身优势赋能新一代信息技术，以及它在智慧金融场景里起到怎样的催化作用。

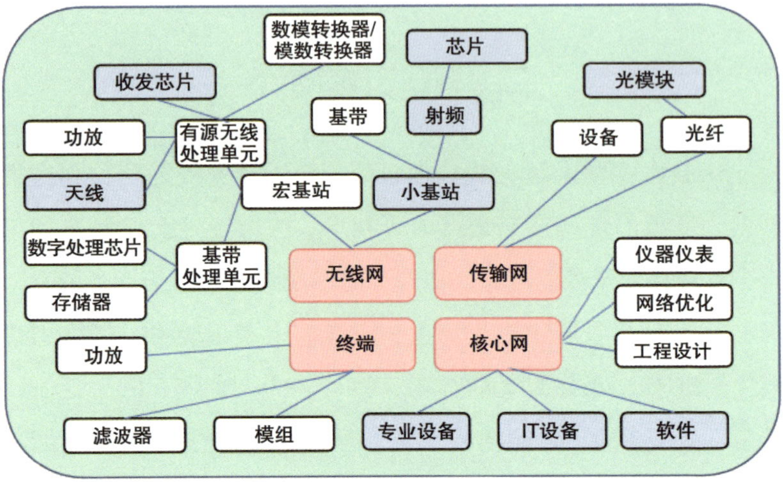
数模转换器/
模数转换器
芯片
收发芯片
光模块
基带
射频
功放
有源无线
处理单元
设备
光纤
天线
宏基站
小基站
数字处理芯片
基带
处理单元
无线网
传输网
仪器仪表
存储器
网络优化
功放
终端
核心网
工程设计
滤波器
模组
专业设备
IT设备
软件

图2-1　5G技术结构

三、5G与人工智能

（一）人工智能赋能智慧金融

1. 人工智能简述

自1956年在达特茅斯会议上首次被提出，到2006年深度学习算法的出现，人工智能已开启了第三次发展浪潮。目前，人工智能已由能存会算的计算智能发展为能听会说、能看会认的感知智能，并逐步迈向能理解会思考的认知智能。

2021年中国人工智能核心产业规模达2 008亿元，艾瑞咨询估计，到2025年将突破4 500亿元，未来5年年度复合增速将高达24%，如图2-2所示。

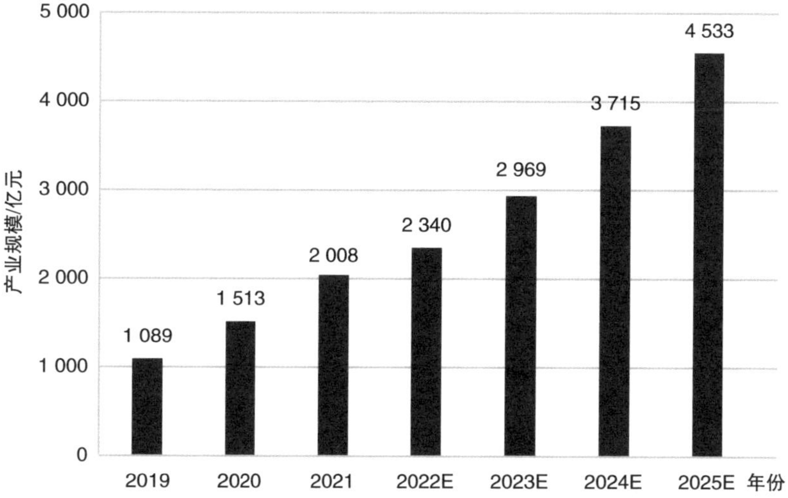

图2-2　2019—2025年中国人工智能核心产业规模

资料来源：艾瑞咨询

2. 人工智能加速金融业务全流程转型升级

目前，人工智能已全面融入金融行业的各业务流程，包括前台的营销与服务、中台的产品设计与风险控制、后台的运营管理与业务支持等领域，提高了金融机构的服务质量和效率，全方位赋能金融行业智能化转型升级，如图2–3所示。

具体而言，以人脸识别、机器人流程自动化（RPA）、知识图谱、深度学习等为代表的智能技术，正不断深入金融场景。例如，人脸识别技术可应用于身份核验、远程银行开户、保险理赔等场景，提高业务便捷性。RPA技术可应用于信息审核、信贷审批、交易异常检测、票据分析等场景，有效提高运营效率。知识图谱技术可助力数据价值挖掘，可应用于风控、征信、审计、反欺诈等业务领域。深度学习技术可应用于投资组合管理、模型定价、保险精算等场景，为精准服务和创新产品设计提供技术支撑。

3. 人工智能落地应用的挑战

人工智能应用不断深化，带来了显著的经济效益和社会效益，同时也面临数据、算法、业务理解、服务方式、投入产出等方面的挑战。人工智能的应用基础和主要驱动因素是数据，而数据的可获得性、数据质量、数据治理及数据标注成本问题也制约着人工智能的应用与发展。

数据的可获得性、数据质量和数据治理的问题主要表现在数据积累不足、数据质量差，以及数据安全合规难、数据归属权不明晰等方面。例如针对具体业务问题的算法模型在训练时，需要采用实际业务场景数据，但由于业务信息化、线上化不足等原

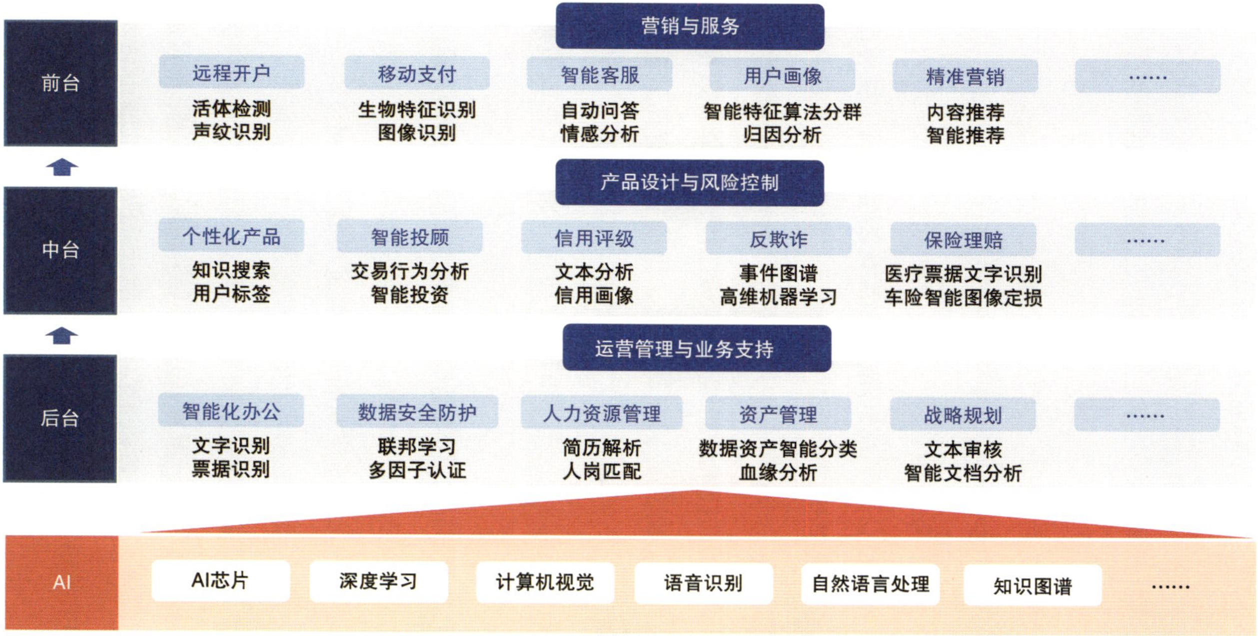

图2-3 人工智能技术赋能金融业务全流程

资料来源：根据公开资料整理绘制

因，导致历史数据欠缺或数据质量较差，不足以支撑模型训练和生产环境测试。在数据标注方面，随着建模不断深入垂直行业的细分业务场景，数据标注的复杂度加大，提高了数据标注的门槛和成本。

（二）5G与人工智能的融合发展

5G与人工智能的融合发展，一方面，是利用5G对人工智能赋能；另一方面，是利用5G拓展人工智能应用的广度和深度，使各行各业更智慧化。

1. 5G与人工智能融合应用，充分释放数据智能价值

随着移动通信技术的持续升级，数据采集场景、数据种类、采集方式日益丰富，数据存储数量、维度较之前都呈现“井喷式”增加，提升数据利用率、释放数据智能价值是人工智能应用的关键命题。5G与人工智能的融合应用，将充分释放数据智能价值。

（1）满足海量数据高速传输需求。在通信技术层面，5G通信技术的设备连接、数据传输及服务能力显著提升，其超低时延与极高速率为人工智能技术的应用奠定了数据基础。

（2）满足云—边—端全场景解决方案的拓展需求。在万物互联时代，边缘设备数量急剧增加，云计算集中处理难以满足应用需求，边缘计算将云服务扩展到网络边缘，可以降低时延性，节省核心网资源和计算成本。得益于5G网络的高响应效率、高可靠性和大单位容量，以及云边协同技术的发展，人工智能应用可以覆盖以往无法支持的高可靠性、高实时性场景。

（3）满足人工智能应用的安全与个性化需求。5G网络切片技术通过将5G网络分割成多张虚拟网络，为不同业务提供独立运行、相互隔离的定制化专用网络服务，不仅能保证敏感数据的私密性和传输的安全性，还能按需支持广覆盖、高容量、大连接、低时延等个性化的网络服务。

2. 5G+人工智能，共同驱动智慧金融应用

5G及人工智能等新一代信息技术催生的万物智联，推动金融产品及服务创新，提升金融机构的运营效率和效益。

（1）推动泛在连接，提升金融感知能力。5G的泛在连接特性赋予金融更强的感知能力，包括更广泛的感知对象、更全面的感知流程和更丰富的感知数据，为人工智能的应用拓展了应用场景和边界。

（2）丰富前端用户触点，优化客户服务体验。随着5G时代的到来，金融机构的各类自助终端也迎来了新一轮智能化升级，这些自助终端能够给客户带来更流畅、更低时延的业务办理体验，也成为更多元的金融服务的载体。

（3）延伸金融业务范畴，推动金融业务创新。基于5G的智能物联网应用使得大量实物资产具备了互联互通功能，降低了信息不对称，并具备了金融资产的属性，从而为金融创新提供了更多工具。在金融产品的设计过程中，针对现有信贷产品，综合应用5G解决方案，可以进一步优化产品结构和服务内容。

（三）5G与人工智能的融合探索

5G与人工智能的融合应用将极大地提升金融服务的可得

性、便捷性和满意度，有望创新金融产品、革新经营模式、优化业务流程、重构行业生态，减少信息不对称等因素带来的系统性风险，提升金融服务效能。5G与人工智能的融合应用如图2-4所示。

图2-4　5G与人工智能融合实现开放式、体验式金融服务

1. 5G与人工智能将侧重技术演化的互助

一方面，智能分配资源技术、流量识别及分配技术、智能预测演化技术等人工智能技术将会融入5G的技术架构，从而提升5G通信网络的核心能力。就智能分配资源技术而言，目前许

多5G通信网络的终端与软件中，都嵌入了人工智能算法，从而帮助5G通信网络实现无线资源的高效分配。另一方面，5G的迭代将会推动人工智能技术难题的解决，如对智能终端的远距离操控等。

2. 5G+人工智能丰富服务场景和个性化业务

随着社会的发展，人们越来越强调自身的独特性、追求个性化。5G、人工智能及其他信息技术的协同应用将推动金融行业产品及服务模式的创新，从而深化场景应用，满足客户的个性化业务需求。例如，保险产品的创新，5G将促进无人驾驶等新型驾驶模式的产生和普及，智能网联汽车的发展将引领保险产品的创新等。

3. 5G+人工智能将降低金融服务门槛，促进金融普惠

从趋势上看，未来新技术的不断渗透将推动金融行业普惠化发展。金融行业借助5G及人工智能等金融科技的信息优势、成本优势、风控优势，能有效克服四五线区域客户地域分散、信息不对称、风险可控性差、服务成本高等问题，进一步延伸金融服务半径，满足小微企业、“三农”和偏远地区客户的金融服务诉求，推动金融服务均等化。

四、5G与区块链

（一）区块链赋能智慧金融

1. 区块链技术简述

区块链技术起源于化名为“中本聪”（Satoshi Nakamoto）的学者在2008年发表的奠基性论文《比特币：一种点对点的电子现金系统》。区块链技术是利用块链式数据结构来验证与存储数据、利用分布式节点共识算法来生成和更新数据、利用密码学的方式保证数据传输和访问的安全、利用由自动化脚本代码组成的智能合约来编程和操作数据的一种全新的分布式基础架构与计算范式。

区块链可分为公有链、联盟链与私有链3种。公有链是指对所有人开放的，任何人都可以读取数据、发送交易且交易能够获得有效确认的共识区块链。联盟链是指由多个机构共同参与管理的区块链，每个组织或机构管理一个或多个节点，其数据只允许系统内的机构读写和发送。私有链中各个节点的写入权限收归内部控制，而读取权限可视需求有选择性地对外开放。

如图2-5所示，截至目前，区块链的发展可以分成区块链1.0、区块链2.0、区块链3.0等3个时代。

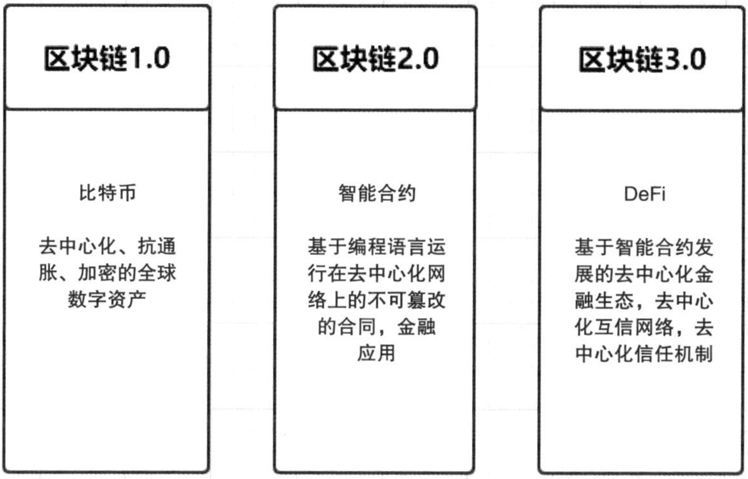

图2-5　区块链技术演进

2. 区块链技术促进金融业务发展

区块链在不同领域的应用越来越广泛，通过区块链可以让数据进行有效的交互分享，而且区块链应用还具备公开透明及安全可靠的优势。

区块链应用在金融上的好处：

（1）能有效增强各方的相互信任。区块链应用在金融项目中能提高金融的安全性，可以避免各种中心化数据系统被盗窃、被篡改，更易于各种金融管理及操作，降低数据库被入侵的风险，从而使各方更加相互信任。

（2）确保安全有效的客户身份。在金融行业对身份的验证是至关重要的，因为它涉及交易的安全，通过区块链应用能有效地保障银行及金融机构对客户的验证过程，并能避免重复验证，在给客户提升验证体验的同时还能保障交易客户的信息安全。

（3）提升金融效能。智能合约可以通过数字化在线编程和部署来运行金融业务；以公开的方式完成合约执行、权益转让、违约处理、合约终止等。区块链可以通过数字形式来存储智能资产的记录，这些资产在多个机构和参与方之间不停地进行交易。区块链对提高效率和简化复杂的流程很有帮助。

（二）5G与区块链的融合发展

1. 5G与区块链是智慧金融的基础设施和引擎

5G和区块链都具有天然的硬件属性。5G实现万物互联，区块链实现万物互信，5G和区块链可以促进经济的发展，促进产业升级。

区块链是信任的机器，而金融是以信任为基础的。现在互联网及金融业务仍是以中心化信任为基础的。区块链的优势在于打破当前依赖中心机构信任背书的交易模式，用密码学的手段为交易去中心化，交易信息隐私保护，历史记录防篡改、可追溯等提供技术支持。

确定的上链信息进一步促进了信任在不同实体间的传递。确定的、高质量的、低成本的信任机制具有强劲的引擎作用，必将给智慧金融带来更多的业务创新、模式创新、运营创新。

2. 5G与区块链技术打造基于可信数据的智慧金融

借用生产关系与生产力来作类比，那么5G属于生产力，而区块链属于生产关系。根据“生产力的状况决定生产关系，而生产关系又对生产力具有反作用”这个著名的论断，可以更好地认识5G与区块链的关系。

高速的5G通信技术，以及物联网、大数据和人工智能等技术的发展，使得区块链将能为全球上万亿的商品提供稳定的跟踪、溯源服务和分布式的点对点交易功能。

利用区块链的非对称加密和哈希算法，可以防止数据被篡改，从而能够保护数据的安全与隐私。以区块链为代表的应用密码技术将为网络重构安全边界，建立设备间的信任域，实现安全可信互联。5G与区块链结合为大数据提供了高质量、可信的数据源，对金融行业的影响必将越来越广泛和深刻，是智慧金融高质量发展的坚实基础。

（三）5G与区块链的融合探索

1. 5G与区块链融合驱动金融业务创新、商业模式创新

5G和区块链的融合加快了金融行业的变革步伐。以区块链技术的去中心化特征创新驱动的金融项目与产品，对传统金融机构发起挑战。以共享经济与价值链接为主要特征的“分布式商业”模式的普及，催生了大量的跨机构新型创新合作场景。

利用区块链技术进行交易可降低服务成本、缩短交易结算时长、提供低成本的信任机制，将多个主体、多个环节和周期长的业务链条“扁平化”，推动各类主体间形成协作共识，为金融业务创新、商业模式创新开辟广阔的空间。

2. 5G与区块链融合使去中心化成为金融服务的未来

区块链去中心化的特征适合金融场景，因为金融交易基于信任，而如今的金融信任靠中介平台维持，区块链技术的出现为创造信任机制建立了新的基础，为金融服务的革新提供了新动能。

在数字化场景中，很多控制金融风险的手段面临失效或不适用，金融的核心信任基石受到威胁。而利用区块链技术，依托数据和密码学等，在最低信任假设的前提下，自下而上建立更加充分的信任，奠定更加坚实的金融核心信任基石。

五、5G与大数据

（一）大数据赋能智慧金融

1. 大数据技术发展简述

随着数据特征的演变，数据的资源价值逐步得到认可，数据流通和共享需求不断增加，大数据技术围绕数据存储、处理计算、数据治理、数据分析应用、数据安全流通及助力数据价值释放的周边技术等，形成了包含基础技术、数据管理技术、数据分析应用技术、数据安全流通技术等覆盖面庞大的技术体系，如图 2-6 所示。

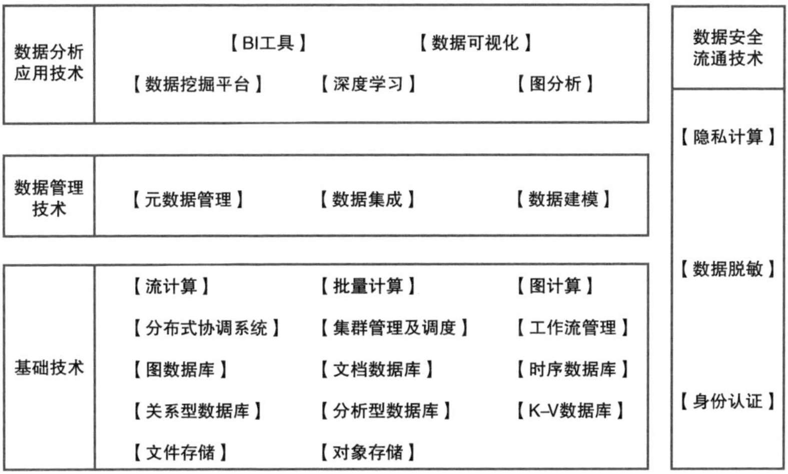

图2-6　大数据技术发展体系

互联网数据中心（IDC）统计预测，2024年全球大数据市场支出规模将达到约2 983亿美元，2020—2024年将实现约10.4%的复合增长率。中国大数据支出规模整体呈稳步增长态势，2020年大数据市场整体规模超过100亿美元，在2024年有望超过200亿美元，如图2–7所示。行业应用方面，据中国信息通信研究院统计，金融、医疗健康、政务是大数据应用的最主要行业，分别占30%、14%、13%的应用比重，如图2–8所示。

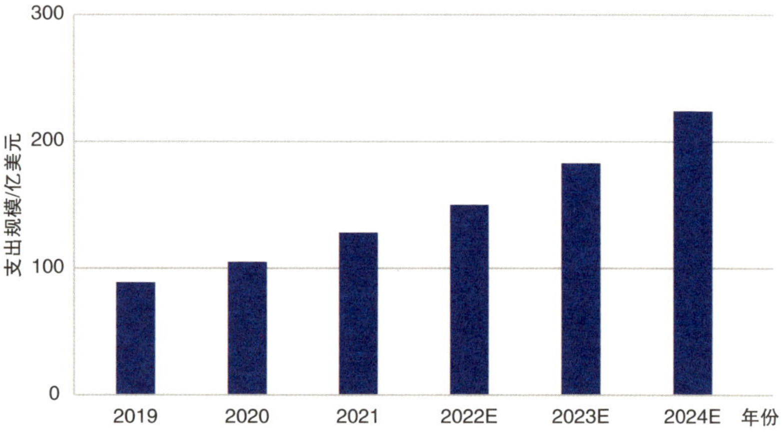

图2–7　2019—2024年中国大数据市场支出规模预测

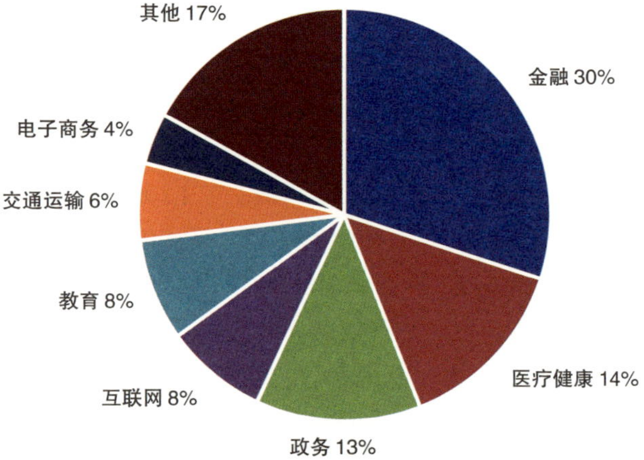

图2–8　2020年中国行业大数据应用企业类型分布情况

2. 大数据技术赋能智慧金融

金融机构在开展业务的过程中，会产生交易数据、消费者数据、市场数据、公司数据、行业指数、定价数据、统计数据等各种类型的数据。凭借数据量大、数据维度广泛、数据质量高、数据价值可观的行业优势，金融行业自身对数据的使用也很频繁和成熟，在应用大数据技术方面具有天然优势。如大数据挖掘技术可应用于金融客户价值分析、贷款偿还预测分析、业务关联分析、对洗钱及相关金融犯罪的侦破等；图计算及认知技术可以应用于金融风险管控、客户营销拓展、内部审计监管等场景。

（二）5G与大数据的融合发展

5G时代，催生万物互联，人类社会广泛实现了人与人、人与物、物与物之间的连接。5G为金融行业的发展提供了高效的网络环境，同时带来更多的数据资源。大数据技术通过对5G网络带来的种类丰富、数量庞大的数据信息进行有效挖掘、分析、存储，二者融合发展和创新应用，能有效提升传统金融的服务能力。

1. 5G与大数据技术有机融合，提升数据服务价值

5G网络传输速度快、时延低，带来了海量的数据资源，对大数据技术的收集、存储、分析、查询等应用提出了更高的要求，推动了大数据技术的发展。

（1）5G带来丰富的数据资源，为金融大数据应用赋能。5G时代下，城市各个触点都通过各种各样的终端设备连接起来，金融数据规模爆发式增长。5G同时也为金融大数据分析带来更加丰富多样的数据资源。此外，5G的高速率、低时延特点，能够让金融数据更具有实时性。

（2）5G与大数据技术相互促进、协同发展。5G的发展给金融行业带来丰富数据的同时，也推动大数据技术进步与发展。5G通信技术的运用能够提升数据收集能力，排除掉一些干扰数据，大幅度地提升数据收集与分析效率；5G通信网络构架的完善能够帮助大数据产业更好地进行数据挖掘和分析；5G通信网络的运用能够帮助大数据对一些复杂的数据进行分析和分类存储。

2. 5G与大数据融合深化智慧金融应用服务

5G与大数据融合为智慧金融的价值应用提供全新出口，帮助金融行业实现更复杂多样的应用，提升其商业价值。

（1）提升金融风控业务服务能力。大数据风控系统支撑从数据采集、数据清洗、数据分析、数据建模到构建客户评分体系及监控分析整个流程。4G时代的大数据风控主要依托静态数据、历史数据开展，存在滞后性，风控模式存在局限性。5G时代，海量异构连接终端产生了大量、高频、多维度的数据，基于这些海量、实时数据进行分析，可以发现潜在风险交易和异常行为，实现风险实时预测和预警，助力风控模式向实时、动态、智能化转变。

（2）催生金融产品的创新。传统保险业务主要依据静态数据进行产品设计，保险定价缺少灵活性。通过获取与保险标的相关的行为动态变化信息，可改变产品设计模型。以车险为例，基于使用量的车险（UBI）通过采集车辆信息、客户的驾驶习惯、里程等信息，对客户画像进行精准描摹，提供“千人千面”的车险保费定价。在此过程中，通过5G网络接入更多高性能传感器、摄像头等数据采集设备，实时上传驾驶行为和车况数据等，可促进算法模型优化，提升车险的风险定价能力。

（三）5G与大数据的融合探索

未来，5G与大数据将融合应用于金融业务全链条，在产品设计、风控、营销、数据安全等各环节实现更广泛和深入的应用，推动金融业务创新发展，加速金融行业商业模式变革，如图2-9所示。

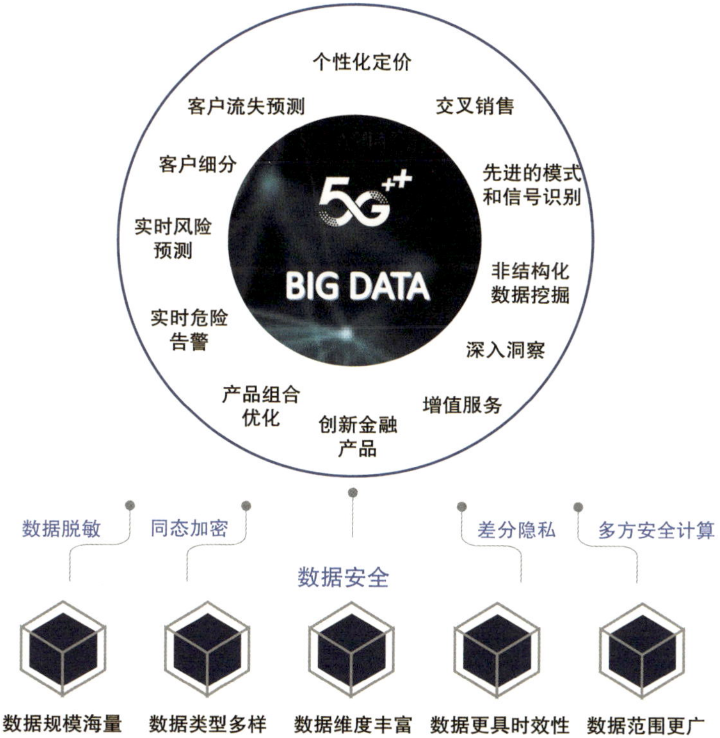

图2-9　5G与大数据融合赋能金融行业创新发展

1. 5G与大数据融合背景下跨机构数据融合应用需求更加强烈

金融行业高质量的发展离不开对数据信息的融合应用。尽管金融机构积累了大量内部业务数据，但这些数据往往较为单一、片面，无法支撑全面多样的数据分析和应用，通过引入外部数据实现跨机构的数据融合尤为重要。在5G、大数据等技术的推动下，跨机构的数据融合应用能力不断提升，为金融服务的跨越式发展提供了突破口。

2. 5G与大数据融合时代下的数据安全与合规管理是发展重点

5G带来海量、异构、多样的数据成为现实，同时也增加了用户隐私信息泄露的风险。金融行业对数据流通的需求较高，在5G与大数据融合的时代下发展智慧金融，保障数据安全尤为重要。依托联邦学习、多方安全计算、同态加密、差分隐私等技术，探索实现数据“可用不可拥”“可用不可见”“定向定量使用”已成为保障数据安全的新发展方向。

3. 5G与大数据融合向更加贴近应用需求的方向发展

随着精准营销、智能推荐、信用评价等服务不断普及，未来大数据除了可以帮助金融行业进行客户细分、个性定价、客户流失预警以外，还能在资本市场帮助银行对先进的模式和理念进行资本市场业务操作，深化场景应用需求。5G与大数据融合对金融行业的影响必将越发广泛和深刻，二者将从“质”和“量”上双管齐下，为金融行业带来新的动能。

六、5G与云计算

（一）5G技术与云计算赋能智慧金融

智慧金融在金融物联网的基础上，通过金融云，使金融行业在业务流程、业务开拓、客户服务等方面得到全面的智慧提升，实现金融业务、管理、安防的智慧化。其主要包括对海量数据的智能分析与优化，提升金融业务的决策支持能力，通过物联网和对数据的分析感知客户行为模式的变化从而为客户提供个性化的金融产品与服务，通过风险管理规避各类金融风险，通过金融云动态、及时地响应金融业务的需求。伴随着信息技术的高速发展，构建基于物联网和金融云的智慧金融框架。智慧金融的构建包括以下几个方面：

（1）构建完备的信息系统。银行业基本建成了3个层面的金融信息系统，一是各银行业内部的信息系统，二是银行业之间的信息系统，三是银行业与客户资金之间的信息系统。

（2）依托云计算。按照传统思路，金融行业的信息化是各金融机构自建数据中心，各自独立开发软件系统。如果要求每个中小金融机构都各自购买设备、开发软件，显而易见是不符合客观实际的；而依托云计算，可助力构建智慧金融。以银行为例，从专业银行的角度看，云计算能为银行客户资源整合与支付业务提供良好的支持。

（3）依托5G技术。5G的出现将为金融行业提供泛在、智能的移动互联基础设施，拓展金融服务边界，将为云计算、大数据、人工智能、区块链等技术向金融领域的深度渗透提供网络环境保障，辅助新技术落地。

（二）5G与云计算融合在金融领域的应用价值

云计算作为推动信息资源实现按需供给、促进信息技术和数据资源充分利用的技术手段，与金融领域进行深度融合，是互联网时代下金融行业可持续发展的必然选择。

1. 5G与云计算融合提高金融领域的工作效率

5G提高了数据传输的速率，减少了延迟，提高了系统容量和实现了大规模设备连接，更为重要的是，5G将基于云计算和边缘计算，通过万物互联，把智能感应、数据分析和深度学习的能力整合在一起，全面实现云时代的移动智能物联。5G与云计算融合，从网络边缘到核心，几乎所有的网络应用都可以虚拟化，提高网络效率，进一步提高金融领域的工作效率。

2. 5G与云计算融合降低了金融机构的资源配置风险

云计算提供IT资源池及使用资源池的工具和技术，使得金融机构能够随时随地、动态地获取所需的IT资源，由此金融机构可以根据实际需求的变化自动或手动调整其云上的IT资源，既不会造成资源闲置，也避免了当使用需求超过阈值时可能出现的损失。

云计算也能提高金融数据的可靠性。通过在不同物理位置（同城或异城）布置IT资源，使得当云中的某个设备出现异常时，能够在极短时间内快速将其数据拷贝到其他设备上，使金融容灾备份问题得到很好的解决。

（三）5G与云计算的融合探索

1. 提高安全性和可靠性

IT系统的安全性和可靠性对金融行业而言至关重要。云计算安全将成为云计算服务提供商之间进行竞争的主要领域。云计算服务提供商会不断加大对云安全产品的研发和投入，将安全产品虚拟化、智能化，提高产品的可靠性、智能性、安全性，防范黑客攻击。

从政府层面来看，政府会出台与云计算安全相关的法律法规，以法律的形式明确云计算服务提供商与用户之间的责任和义务，减少由云计算服务提供商管理不当或者用户操作不当带来的数据安全问题。

2. 促进私有云和行业云共同发展

当前，一些大型金融企业牵头，在自身搭建金融私有云的同时将冗余的资源提供给特定的、有需求的，受限于资金、技术能力等方面的中小型金融企业，最终形成专供金融行业企业使用的金融专有云模式。借助大型金融机构在金融云领域的经验，中小型金融企业能够安全、快速地实现业务上云。目前这种介乎于公有云和私有云之间的模式也被称作行业云，正在金融行业中快速普及。

目前国内金融行业使用的云计算技术主要是私有云和行业云模式，如图2–10所示。

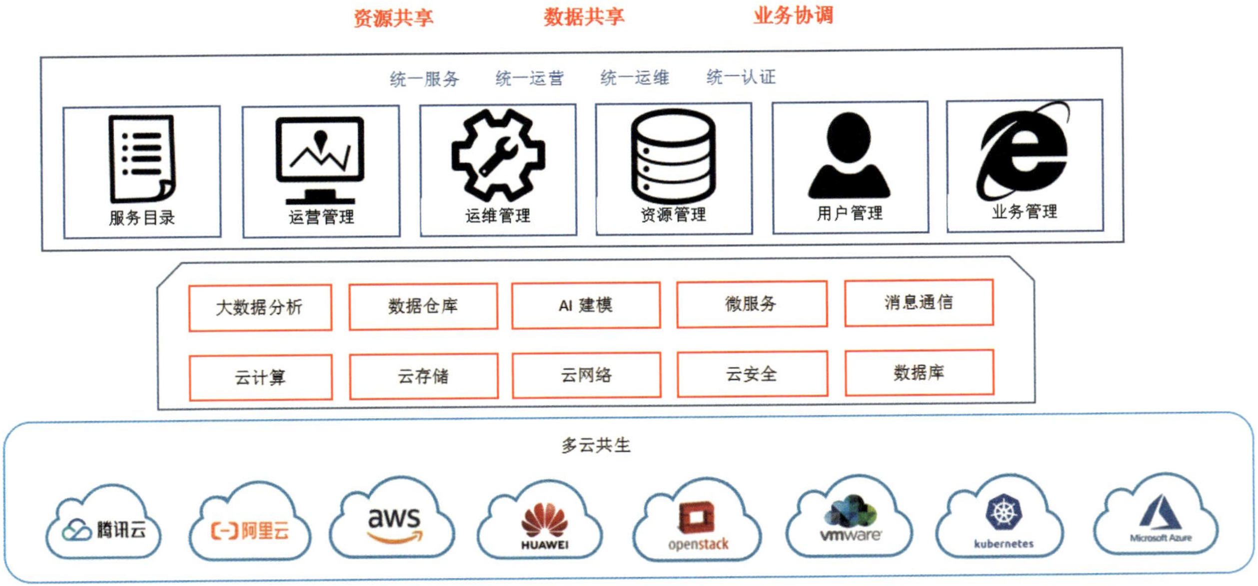
资源共享
数据共享
业务协调
统一服务
统一运营
统一运维
统一认证
服务目录
运营管理
运维管理
资源管理
用户管理
业务管理
大数据分析
数据仓库
AI 建模
微服务
消息通信
云计算
云存储
云网络
云安全
数据库
多云共生
腾讯云
阿里云
aws
HUAWEI
openstack
vmware
kubernetes
Microsoft Azure

图2-10　多云模式

3. 强化金融行业IT系统的迁移

金融机构使用云计算技术一般采取从外围系统开始逐步迁移的实施路线。

一方面，金融机构借助互联网，将高成本、非核心的外围系统或者同质化的基础金融服务业务外包，比如提升网点营业厅的生产力，强化人力资源客户分析或者客户关系平台，从而使自己更专注于对核心金融业务的持续创新及运营管理。

另一方面，金融机构优先考虑使用云计算技术建设互联网金融系统，主要是由于这些系统都是新建系统，历史包袱相对较轻。

4. 探索和发展新兴技术

随着企业采用数据驱动的商业模式，远程和混合工作环境，云计算比以往任何时候都更受欢迎。由于具有弹性服务、资源池化、按需服务、泛在接入等特点，云已经发展成为一种重要的IT资源。如图2-11所示，在过去的几年中，基于云计算的新兴技术得到了广泛应用。有些新技术是云计算供应商专门为云计算而创建的，例如无服务器技术、机器学习和人工智能。

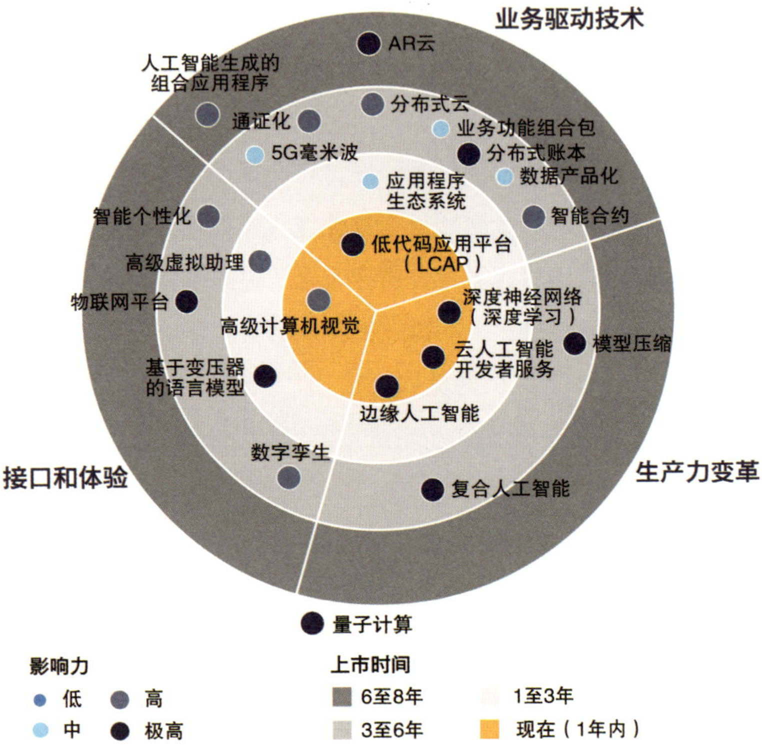

图2-11　云计算的新兴技术及其影响力

七、5G与物联网

（一）物联网赋能智慧金融

1. 物联网简述

国内外普遍认为物联网这一概念是由麻省理工学院自动标识中心（MIT Auto-ID center）的Ashton教授在1999年研究RFID时提出来的。物联网（Internet of Things，IoT）即"万物相连的互联网"，简单来说，物联网连接生活中的各种设备、物件乃至生物体，可以说物联网无处不在，比如商场里的自动门、智能家居、工业生产中的机器人、自动驾驶等。

目前主流研究将物联网的体系架构分为4层：感知层、传输（网络）层、平台层、应用层，如图2-12所示。

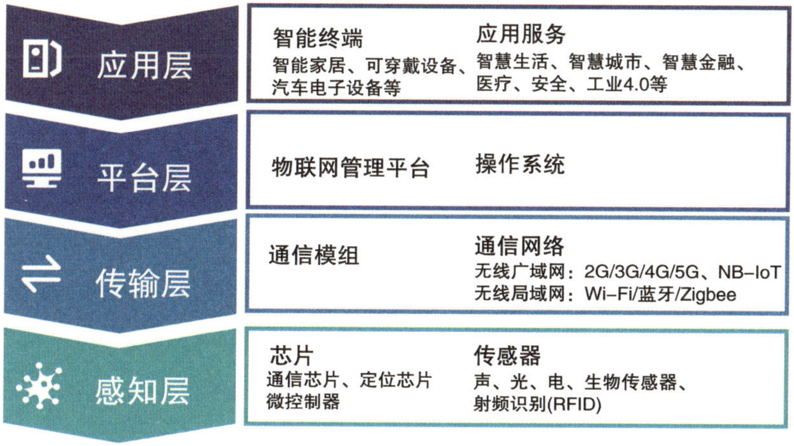

图2-12　物联网的体系架构

从物联网体系架构的分层可以看出，物联网产业的发展是一个由下而上发展的过程，需要先有底层的海量数据以及相应的通信网络，再以大数据中心等形式进行计算分析，最后根据终端需求生成不同的应用和硬件设备。

2. 物联网赋能金融业务发展

（1）物联网与金融加速融合。

近年来，物联网与金融的融合加速发展，主要受益于政策支持、成本下降、规范标准几个方面。

首先，国家出台多项政策鼓励应用物联网技术来促进生产生活方式和社会管理方式向智能化、精细化、网络化方向转变，这对带动相关学科发展和增强技术创新能力、推动产业结构调整和转变发展方式具有重要意义。

其次，逐年下降的物联网硬件成本有利于物联网的落地。由于物联网产品的高速发展，近年来其成本急剧下降。BI Intelligence 研究显示，每10年间传感器价格下降约50%，处理器成本下降近60倍，数据储存成本与无线上网成本也在大幅下降，这间接推动了物联网金融的发展。

最后，落地标准的加持促进了物联网与金融的融合。全国信息安全标准化技术委员会近几年推出了多项与物联网相关的国家标准，给设备制造商、服务提供商提供了物联网开发、传输、连接等技术要求和参考规范，对物联网金融的发展起到了极大的促进作用。

（2）物联网赋能智慧金融场景分析。

物联网赋能金融行业是指面向所有物联网的金融服务与创

新，涉及各类物联网应用，不仅仅局限于金融物联网的应用。物联网在金融行业的应用如图2-13所示。

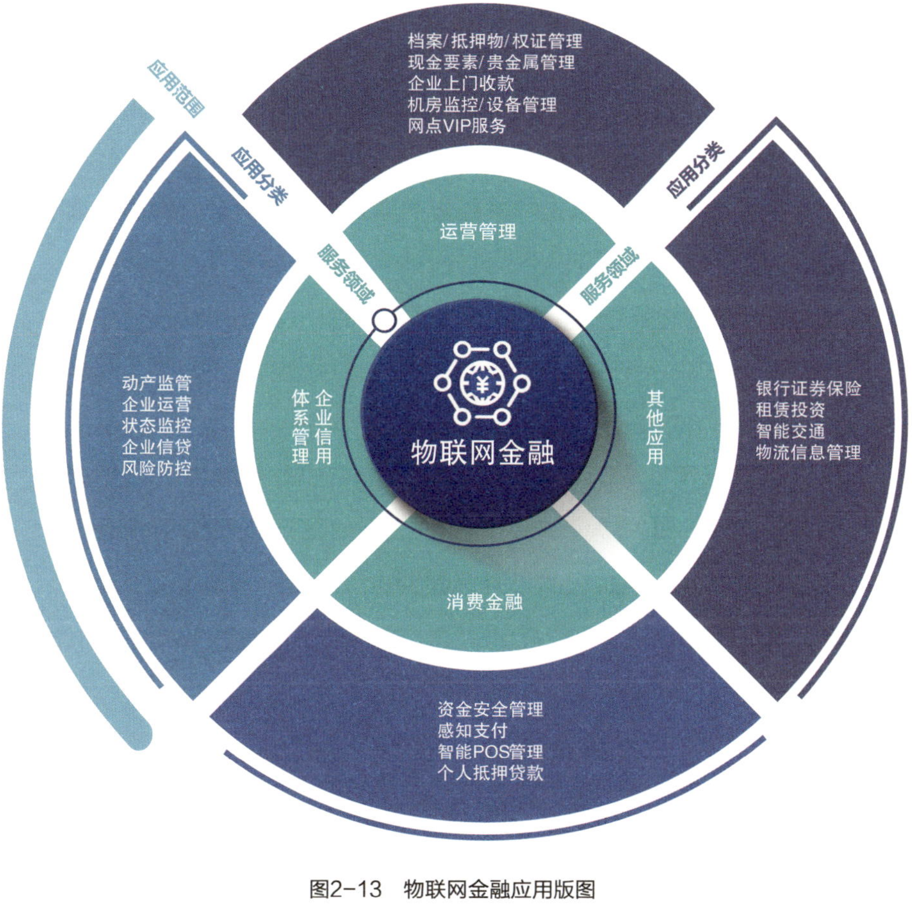

图2-13　物联网金融应用版图

物联网在金融业尤其是在银行业的应用，主要表现在如下3个方面，即提升银行业运营管理水平、实现业务产品和服务创新、重塑金融信用体系。从各大银行的物联网布局来看，不同银行对这3方面的侧重点不同，但多种行为显示银行对物联网布局形成了一些共同的特征。

例如，工商银行、平安银行着力打造物联网平台；工商银行建设“端、边、云”一体化物联网技术体系；平安银行与拥有独立通信频道的商业卫星龙头企业合作发射了国内金融业首颗物联网卫星“平安1号”，打造星云物联网平台；农业银行在产业金融方面运用物联网技术实时采集企业的真实信息，着力解决中小微企业融资难的问题；建设银行在渠道服务方面应用物联网技术，建设5G+智能银行。

（二）5G与物联网的融合发展

5G定义了增强型移动宽带（eMBB）、低时延高可靠通信（URLLC）、大规模机器类型通信（mMTC）三大应用场景，主要提供高速率（10Gb/s）、低时延（1ms）、广连接（100万/km^2）服务。5G的这些特性虽然说并非物联网的必需条件，但它更符合物联网所需要的基本特性，不仅体现在它具有大带宽、低时延的“增项能力”，更体现在它具有低功耗、广连接、深度覆盖的低成本优势，能促进物联网的更快发展。

1. 5G低功耗、广连接特性助力物联网海量接入

5G技术的发展不仅可以提供更加便捷的移动互联服务，还可以依靠其高速率、大容量、低时延和高可靠等特点，成为万物互联的关键技术。低功耗、广连接主要面向物联网业务是5G新拓展的应用场景。低功耗、广连接场景主要面向金融的动产监管、农村三资监管、智慧城市等以传感和数据采集为目标的应用场景，具有小数据包、低功耗、海量连接等特点。这类终端分布范围广、数量多，不仅要求网络具备超千亿连接的支持能力，满足100万/km^2连接数的密度指标要求，而且还要保证终端的超低功耗和超低成本。

2. 5G低时延特性助力物联网实时控制

5G低时延、高可靠特性的应用场景主要面向车联网、工业控制、远程医疗、远程控制等垂直行业的特殊应用需求，这类应用对时延和可靠性具有极高的指标要求，需为用户提供毫秒级的端到端时延和高可靠性的业务保证。比如自动驾驶车辆需要实现毫秒级的端到端时延，以及接近100%的数据传输可靠性。

（三）5G与物联网在智慧金融领域的融合探索

1. 加快构建物联网金融生态体系

互联网是信息共享系统，它将人连入网络；而物联网是面向实体世界的感知互动系统，它是社会属性的架构，让实体世界的管理发生重大变革。物联网推动信息技术从“智能化”架构到“社会化”架构，从“主观”到“客观”，从“数据”到“事件”，物联网推动和催生虚实交融的实体经济发展新形态。

通过与外部科技企业合作，提升物联网核心技术水平、数据分析能力，打造物联网金融平台将成为金融机构的发展重点，同时充分利用物联网、移动互联网、大数据、云计算、区块链、人工智能等科技驱动金融创新，将物联网金融应用场景逐步覆盖汽车、能源、矿产品、农产品、建材等众多行业，实现数据融合和产业信息共享，最终实现金融生态体系的构建。

同时，各金融机构逐步开放物联网服务平台，促进物联网金融向标准化发展，积极参与跨行业、跨领域的金融服务和信息联通共享，形成互联互通、资源共享、产能输出的物联网金融发展模式，建设和完善物联网金融生态体系。

2. 促进四流合一，重建信用体系

互联网作为一种有效的信息共享工具，解决了信息不对称问题，给金融带来了便利，但互联网金融的四流（商流、信息流、实体流与资金流）相互脱节，而物联网与金融深度融合，感知实体经济经营的全过程，同时通过互联网数据、交易数据等进行交叉验证，真正地实现四流合一，使银行能更加深刻、更加立体地洞察企业及供应链的产业数据，在提升风控水平的同时，促进信用体系客观化，助力金融脱虚向实，回归本源，服务实体经济发展。

八、小　　结

5G技术给金融行业带来了巨大的变革，人工智能、区块链、大数据、云计算、物联网等在5G技术的影响下都迈上了新台阶，这也代表着金融业进入了一个崭新的阶段——5G+智慧金融。

5G与人工智能融合发展，大幅度提升了数据利用率，释放了数据价值；5G与区块链融合发展，为大数据提供了高质量、可信的数据源；5G与大数据融合发展，带来了海量的数据资源，对大数据技术的收集、存储、分析、查询等应用提出了更高的要求，推动了大数据技术的发展……

5G技术的引入推动着金融科技不断前进，翻越一座又一座高山，技术的进步是显而易见的，而这些技术在革新的同时也促进了5G的发展，二者互为动力，推动着彼此探索与前行。

5G 的世界　智慧金融

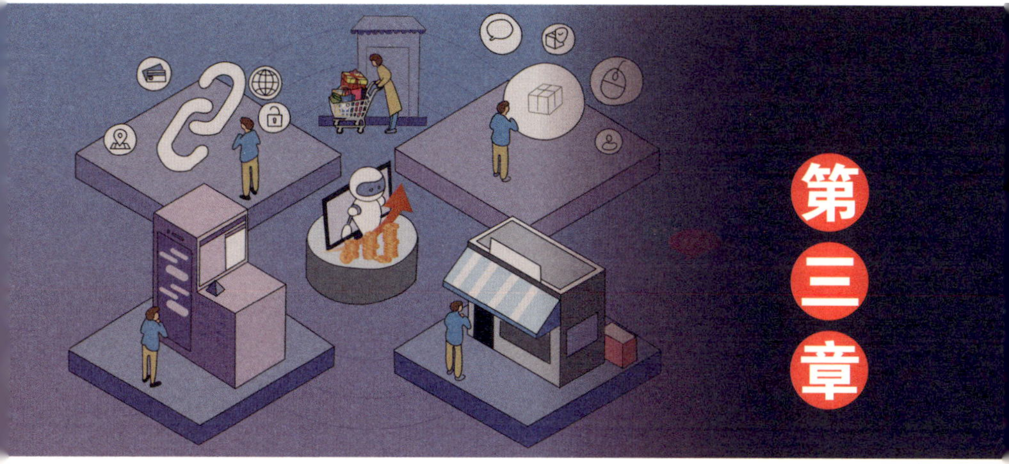

第三章

5G与金融业务场景的融合探索

一、引　言

5G与金融科技的融合给金融业带来了翻天覆地的变化，人工智能、区块链、大数据、云计算等科学技术成为未来智慧金融发展的前景与蓝图。而当我们真正地将它们实施落地时，场景金融、金融终端、云柜台等概念应运而生，同时也产生了新的疑问：什么是5G+云柜台？云柜台对比传统柜台有哪些优势？云柜台技术会给我们的生活带来怎样的变化与挑战？

现在，让我们一起领略5G与金融业务场景融合的瑰丽景致吧。

二、5G+场景金融

（一）5G+场景金融助推行业生态建设

数字经济发展进入新的历史阶段，金融科技应用将大数据、区块链、人工智能、物联网等前沿信息技术嵌入场景金融的建设当中，在构建金融生态层面，强化科技驱动，自建内部场景，同时融入外部场景，将商业银行的金融服务能力、信息化能力向客户输出，应用大数据，围绕“产品→平台→渠道→场景化应用→客户”的生态链，通过产品组合，将金融服务延伸至核心企业上下游、行业平台关联方，为其提供整体金融服务解决方案，精准地了解场景生态的市场需求，设计个性化的金融产品，准确地对服务对象进行画像，并在行业应用不断丰富和发展的基础上，逐步形成整体金融场景生态。

通过对场景入口、场景平台、场景产品、目标客户和第三方合作方等场景要素进行整合，从客户的消费意愿、消费行为、支付习惯、融资需求等切入，聚合场景金融的多种接入渠道，依托应用平台提供各类金融服务，实现“场景+金融”的深度融合，完成客户需求和金融服务的无缝衔接，并为客户提供智能化、无感化的金融服务。

1. 以跨界融合为核心

紧跟政策、行业的战略发展方向和业态转变趋势，围绕工业化、信息化、城镇化、农业现代化和乡村振兴目标，通过整合多种金融和非金融产品与服务，提高场景建设的针对性与有效性，并应用物联网技术对场景中的物理状态实行有效的管理，应用人工智能和元宇宙技术将应用场景现实再现，提升场景的智慧化应用水平，提升客户体验，为客户创造更大的价值。

2. 以客户为中心

场景金融要以客户为中心，将金融服务无缝嵌入客户的生产、生活中，通过走出去、引进来，不断加强行业合作，拓展金融服务边界，实现无处不在、随手可得的金融服务。消费金融场景成为个人消费金融服务的一种重要的市场切入方式及风险管理模式，围绕“生老病死医衣食住行娱”、上下游供应链和垂直产业链，构建金融生态圈，通过梳理生态圈及圈内客户的产品和服务需求，为其提供包括储蓄、信贷、资产配置等在内的金融产品和金融服务。在业务层面，做好场景金融和开放银行的顶层设计和统筹规划，在统筹全行需求的基础上，制订全行场景金融项目管理规划及平台建设标准，例如置业、出行、商圈、旅游、餐饮、房产等场景，以支付结算、投资理财、信贷融资等各类金融产品及服务为“产品工厂”，以网络金融平台为展示和交易中心，为消费者提供各种金融产品和服务来满足其需求。

（二）5G+场景金融的未来——智慧网点

1. 银行网点的现状

近几年，随着金融科技的多层次落地应用和线上金融的蓬勃发展，银行业离柜率逐年提升。随着离柜率的提升，尤其是新冠肺炎疫情后到店客户进一步流失，银行线下网点面临获客难、经营成本上升等难题，很多银行被迫关停、撤并线下网点。近年来，虽然银行线下网点总量缩减的趋势没变，但缩减速度开始放缓，尤其是从线下网点减少的绝对值来看，缩减规模并不大，主要原因是线下网点也有很多其他渠道不可替代的优势。

受监管与合规的影响，部分交易必须在线下网点才能办理；线下网点在培养客户忠诚度，吸引高端客户和对公客户，提升客户体验等方面仍有其无可比拟的优势；线上渠道已是各大互联网公司重点布局的“红海”，其获客成本越来越高，同质化也日趋严重，而客户忠诚度却越来越低，线下网点则逐渐凸显出银行业参与市场竞争的优势——线下网点是加强与客户深度沟通，实现线上线下融合，提升客户体验的关键渠道。

即便如此，如果线下网点仍坚持传统的坐商模式，即等待客户主动上门办理业务，也难以为继，于是部分银行开始根据自身战略，对线下网点的科学布局及定位进行更深层的思考，不再一味地关停，而是优化、完善、转型并举。在理念方面，从以产品、部门为中心转向“以客户为中心”“以客户体验为中心”，优化内部流程，实施数字化转型战略，提升数字化能力，提升精细化管理水平；在外部营销、获客等方面，积极提升客户体验，利用大数据、人工智能提升营销成功率，并结合网点位置及客群特色，建设网点生态中心，借此实现对公对私的获客、活客，各银行将围绕获客、惠民、控险、减负等方面积极布局数字化转型。

2. 银行网点的发展趋势

银行网点经过近几年的尝试与探索，其新的定位逐渐清晰。

传统的金融业务是银行经营之本，主要从控险与减负出发，努力打造快捷方便、体验良好的金融交易场景，同时结合网点周边客群和自身定位，逐步建设和完善客户体验中心、生态中心，形成1+N的发展模式（1为金融交易标准场景，N为网点特色场景）。银行网点主要有以下几大发展趋势：

首先，优化业务流程和人员配置，部署智能设备协助办理业务，提升业务办理智能化水平和办理效率。

其次，数字化。建设数字化智慧网点，实现内部管理精细化，营销服务数字化；整合数据，实现数据可视化，以数据辅助决策，提升决策的科学性，提升资源利用效率。

再次，场景化。构建生态平台，拓展网点+生态，将金融属性与非金融属性通过数字化手段深度结合；构建主题网点，根据网点的定位，建设不同网点场景，重点服务特定人群，如银发网点等。

最后，艺术化与社交化。在旗舰网点或大型综合网点，建设客户体验中心，提供互动体验平台，展示银行文化及金融产品；同时开辟特定空间，提供创客、路演等交流学习场所。

3. 银行网点的未来建设蓝图

如图3-1所示，未来银行网点的形式不再是千篇一律，必定是多样化、特色化的。各银行根据自身特色，结合周边客户需求，打造不同主题、不同定位的网点，将会出现更多特色鲜明的网点，如Z世代IP、亲子、政务、消费体验、休闲等主题网点。或许在不久的将来，我们走进银行网点，首先想到的不是要做一笔传统的金融交易，而是为了参加某个主题活动，认识一群有共同爱好的朋友，或者参加某企业的新产品发布会；又或许网点的物理边界将进一步拓展，突破时间和空间的限制，在元宇宙的虚拟社会中真实地存在，我们的虚拟形象可以走进网点大厅，跟银行数字员工面对面交流，咨询业务，或者邀请你远在几千千米以外的朋友进入专门的虚拟会议室，与银行客户经理、理财专家交流。而这一切，与我们走进真实的线下网点一样自然、真实，这会是未来网点的一个重要形态。

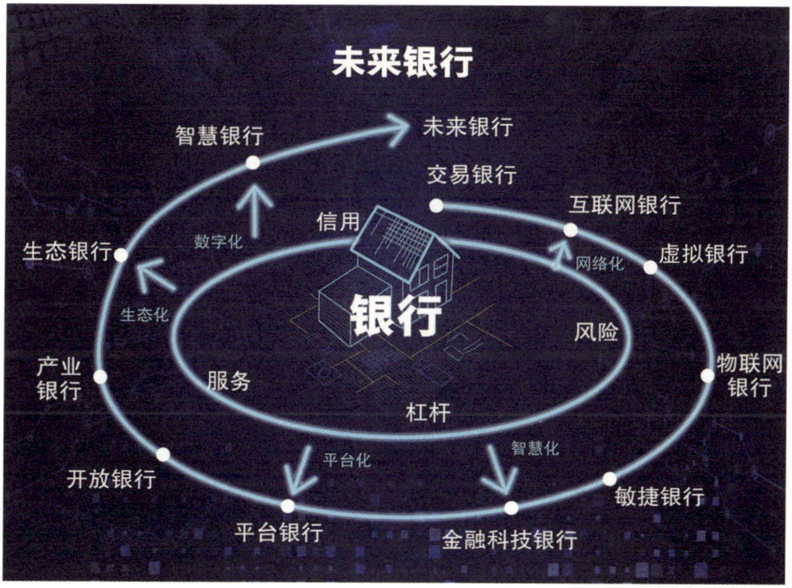

图3-1　银行网点未来建设蓝图

三、5G+金融终端

（一）金融终端概述与演变历程

1. 什么是金融终端

金融终端是一种高度精密的机电一体化智能设备，可协助客户通过磁性代码卡、智能卡以及客户的生物特征等，实现金融交易的自助服务。作为银行储蓄卡或信用卡终端设备，持卡人可使用信用卡或储蓄卡，在金融终端通过自主输入密码的方式办理自动取款、查询余额、转账划拨业务，还可办理现金存款、存折补登、更改密码、手机充值、支票存款等业务，使客户享受到轻松、便捷、体贴的服务。

2. 金融终端发展历程

以ATM为代表的金融终端也经历了漫长的发展史。1939年，Luther George Simjian将当时与硬件设备相关的20个专利组合起来，设计了一个金融终端，并说服Citicorp公司做了一个样板试验产品，这是ATM的雏形。6个月后，作为花旗银行（City Bank）前身的纽约市第一国立城市银行（First National City Bank of New York）反馈认为，该产品确有需求，但由于当时使用者寥寥无几，所以并未得到推广。1967年6月27日，位于英国米德尔赛克斯郡安菲尔德的巴克莱银行（Barclays Bank）安装了世界上第一台现钞发放机。巴克莱银行向用户发行纸券，用户将纸券插入机器，即可取出面值10英镑的钞票。

现代意义的ATM概念于1968年提出，原型机出现于1969年。Don Wetzel 是ATM部分专利的拥有人和发明ATM的主要贡献者，他在银行柜台排队等候取钱时，萌发了发明ATM的想法。当时，Wetzel 是开发包裹自动化处理设备的Docutel公司负责产品规范的副总裁，他与该公司拥有专利的首席机械工程师Tom Barnes 和电子工程师George Chastain，共同说服公司花费500万美元开发出世界上第一台ATM，其最大的进步在于交易结束后磁片还能再度使用。1973年，Docutel公司申请了ATM的专利。到了1982年，OKI公司发明了全球第一台循环式存取款一体机，从此银行客户不再单独依赖于以信封的方式进行存款。

自1986年第一台ATM在中国银行珠海分行投放至今，以ATM为代表的金融终端进入中国银行业已有30多年时间。从服务类型来看，金融终端在国内也经历了从单取为主的简单功能阶段，到2010年后存取款一体和目前应用于7×24小时、VIP客户服务、银行网点拓展等多业务场景，配套设备百花齐放的阶段。

3. 信息时代的金融终端

信息交互是金融终端重要的组成部分，交互方式的每次迭代都带来了金融终端应用模式的变革。起初，机具的网络专属于单个银行。后来，不同银行的机具接入同一网络，逐渐形成共享网络，从而扩大了银行金融服务的地理范围，客户可以使用网络中所有的机具，而不仅限于发卡行。在美国，金融终端的共享网络初步形成于20世纪70年代初，70年代中期开始飞速发展。20世纪70年代初，Docutel 公司推出与银行主机联网的ATM，可以存取款并转账。1977年，美国芯源系统有限公司（MPS）建立了

Jeanie网络，这是第一个在线共享的ATM网络。1980年，共享网络占所有ATM网络的18%。1985年，纽约化学银行等7家金融机构为对抗花旗银行，组建了名为“纽约现金交易所”的共享网络，实现了所辖800台ATM联网通用。这迫使花旗银行遵从行业标准，转而使用磁条卡。1990年，联网ATM的比例上升到94%。如今，几乎所有的ATM网络都可共享，客户可轻松通过任一接入共享网络的ATM设备实时了解账户余额和交易情况。

目前，在新基建背景下，5G正在全面推进金融基础设施升级，创造全新的用户体验；5G网络融合了人工智能、云计算、大数据、物联网、低延时远程视频、边缘计算等新兴技术，为银行业带来了全新的服务手段和交互方式，助推服务模式、运营模式乃至金融生态发生颠覆性变革，推进银行向数字化、智能化、生态化转型发展。

同时，5G在金融服务终端的安全、可靠与合理应用，也将极大地促进金融创新，减少信息不对称带来的系统性风险；有望创新金融产品，革新经营模式，优化业务流程，重构行业生态；提升金融服务的可得性、便捷性、安全性和满意度，最终实现巩固金融系统的稳定性、全方位提升金融服务体验的效能。

（二）5G在金融终端上的业务创新模式

1. 5G在传统金融终端上的应用场景

金融终端设备均通过以太网接口与工业5G路由器连接，5G路由器通过5G网络接入APN专线或VPN（IPsec/PPTP/GRE/L2TP等）与银行中心系统组成同一网络并建立通信连接，各终端机的银行业务数据将直接通过5G路由器与中心服务器建立的信道传送到银行中心系统。5G+金融终端应用场景如图3-2所示。

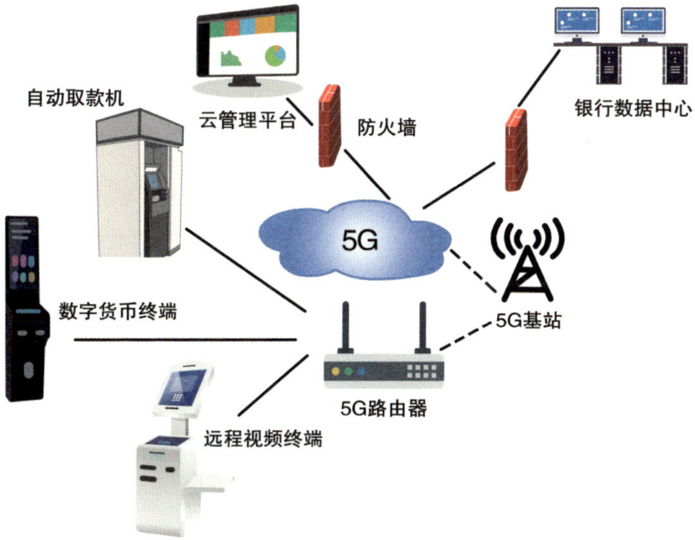

图3-2　5G+金融终端应用场景

目前很多ATM还在沿用有线网络通信，其面临布线接入难、施工周期长、搬迁难度高等问题；银行大堂中的诸多智能终端也多采用有线或传统Wi-Fi、4G等无线网络通信，其同样面临着速率偏慢、容量低、延时高、安全等级偏低等问题；将5G应用于金融终端可有效解决这一系列问题。

银行通过一条专线接入运营商5G网络，双方采用私有IP地址进行广域连接，5G路由器与银行专线之间可建立加密通道；普通用户不能接入运营商为银行分配的虚拟专用拨号网络（VPDN/APN），这种用运营商5G专网卡的专线接入方式大大提升了数据通信的安全性、高效性和便捷性。同时5G路由器采用工业级设计，其自带看门狗和远程维护功能，以保证工作稳定、可靠；其支持断线自动重连、控制报文协议（ICMP）检测、链路备份等链路恢复机制来保证数据链路的正常运行。

2. 5G金融终端+精准营销

如今银行的理财、贷款等业务营销比较依赖传统电话，随着智能AI电话的兴起，人们每天接到的广告电话越多，就会对电话营销越排斥；许多银行面临必须用数以百计个电话才能促成一单的尴尬局面，这样既浪费了时间和资源，又让客户产生了厌烦的心理。

5G通过大数据，利用4k/8k摄像头、虚拟现实（VR）/增强现实（AR）眼镜、4k/8k音视频编解码等设备配合后台服务体系快速识别客户身份、评估客户账户情况和理财习惯，提升网点服务和外拓效率，为客户匹配高精度产品，真正实现“千人千面”的精准营销模式。

5G通过AI算法在服务客户的同时对客户的表情进行分析，从而通过量化客户体验来更精准地进行产品推广，实现5G精准营销，如图3–3所示。

3. 5G金融终端+医疗

如图3–4所示，以5G医疗专网网关为核心，融合5G切片技术和边缘计算技术，打造入驻式边缘云，满足医疗客户业务连接、计算安全等需求，建设可控、可管、可感知的专用云网融合基础设施，为院内医疗、远程医疗、应急医疗等全医疗业务场景提供支撑。

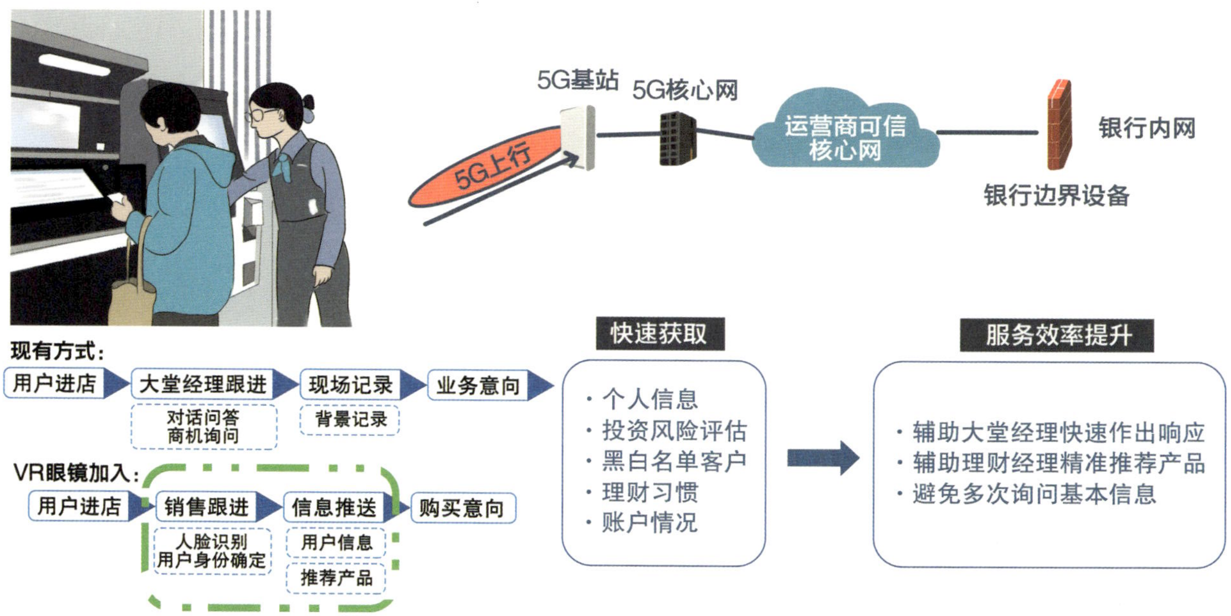
5G基站
5G核心网
运营商可信核心网
银行内网
银行边界设备
5G上行
现有方式：
用户进店
大堂经理跟进
对话问答
商机询问
现场记录
背景记录
业务意向
VR眼镜加入：
用户进店
销售跟进
人脸识别
用户身份确定
信息推送
用户信息
推荐产品
购买意向
快速获取
· 个人信息
· 投资风险评估
· 黑白名单客户
· 理财习惯
· 账户情况
服务效率提升
· 辅助大堂经理快速作出响应
· 辅助理财经理精准推荐产品
· 避免多次询问基本信息

图3-3 5G精准营销

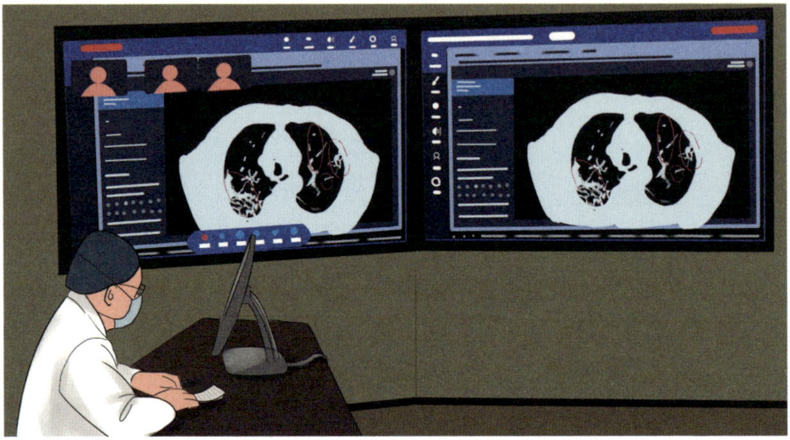

图3-4 远程医疗中心示范图

新冠肺炎疫情期间，中国成功搭建以中国人民解放军总医院为中心的远程医疗服务体系。该体系建立了与火神山、雷神山等多家战“疫”医院的业务协同，提供了5G多方远程会诊、5G移动医疗车会诊、5G远程超声会诊、5G远程培训等服务；实现总医院专家24小时备勤支持，极大助力了战“疫”一线的救治工作。医院布置的传统金融设备可通过医院5G专网，在救治场景与支付等医疗金融环节形成闭环。

随着5G+金融终端与大数据、云计算、人工智能等技术的结合，未来医院内的所有缴费结算终端均可通过5G高速连接到后台服务器。终端可根据业务变化，随意调整摆放位置，甚至还能像机器人一样自动移动，通过人脸识别或身份证识别模块，获取与核验患者的身份信息，安全、高效又准确，并能做到实时审批和信息上传，还能做到24小时不打烊。针对目前部分医疗机构存在的不规范、违规使用医保、骗保等问题，智能结算终端可自动移动到患者病房，获取影像资料，极大地打击违规使用医保、骗保等行为。对于不方便活动的患者，智能终端也可通过其定位系统，主动前往患者所在位置完成结算。

4. 5G金融终端+无感支付

无感支付作为一种新型支付模式，它不再依赖于银行卡、二维码、手机、现金等支付媒介。在约定条件下，支持无感支付的金融终端可对消费者指定事物特征加以识别，确认消费者身份，然后根据预设扣费路径在消费后直接进行付款，免去商家和消费者在付款阶段的直接交流与接触。具有高速率、低时延、大容量特点的5G网络助力无感支付在交通、小额支付等场景快速发展和普及。

以无感加油为例，对抵达加油站的车辆自动进行车牌识别，工作人员在加油的同时，加油机器自带的显示屏会显示车牌信息、加油量以及加油金额，加满油后车主离开时系统后台会自动进行扣费、开票并发信息告知车主，全程仅需2～3分钟。随着5G网络的全面建设，“智能加油站”还将融合前沿科技，加快提升车主“互联网+”的体验感，向自动驾驶导航、机械臂自动加油、加油站便利店无人售卖、新能源快充等方向拓展，助推产业新升级，如图3-5所示。

综上所述，在业务模式创新上可借助5G打造金融生态圈。一是在硬件方面，可加大科技投入，逐步推进智慧网点、VR/AR设备、高清影视设备、机器人的建设，丰富智慧金融所需的硬件载体。二是在软件方面，基于5G带来的数据流量和边缘计算技术，持续升级和改进应用工具的智能化水平，为智慧金融服务工具在不同场景下的应用提供保障。三是在业务运营方面，基于5G技术拓展金融业务边界，譬如切入医疗、购物、教育、社交等场景，因时因地打造场景化金融生态圈，延伸银行产品和服务边界，让“无感金融”深入人们生活的各个领域。

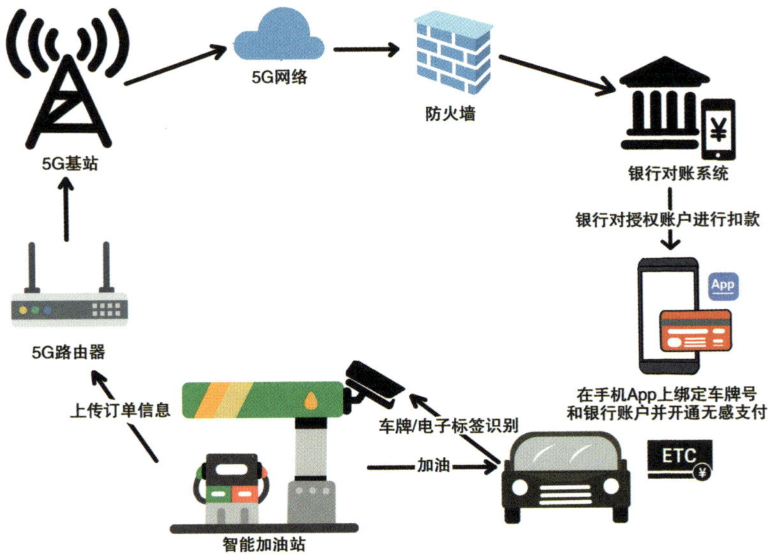

图3-5 5G+无感支付

5. 5G金融终端+购物

5G时代的两个最大特点就是超高速和万物互联。超高速互联网环境使得“人”和“货”的联系更为密切，品牌和企业与消费者的关系也愈发紧密，消费者可以实时和品牌建立连接，并得到更快的服务响应。5G+金融购物主要应用于在线虚拟商城购物和无人零售场景。

虚拟商城是把现实生活中的商城场景、规格、商城经营形式，通过计算机三维技术、网络技术、在线支付等技术手段在网络上搭建的虚拟购物中心，它继承了会员制商务平台的供求商机、商品展示、商家管理、在线订单等在线数据交互功能，并以VR技术为核心，融合了好友成群、在线文字、语音视频交流、仿游戏效果、短信、银行接口等服务功能。消费者足不出户就能身临其境地满足需求和获得服务，商家可以通过线上线下应用智能化地丰富消费者的体验，运用虚拟可视化让消费者提升购物的欲望。比如：AR试衣、AR试妆、AR自助试用等功能都可以通过5G得到更好的提升，5G能更好、更有效地帮助消费者体验虚拟可视化的贴心服务，通过客户终端快速交互消费者与商家的信息，为消费者创造出更快速、更真实的互动效果和替换产品样式及品类的试用体验，同时能帮助商家更好地给消费者提供有价值的购物推荐。

5G时代下的无人零售得益于物联网的发展，对人、货、场的关系进行了重组和简化，它通过整合人脸识别、语音交互、线下支付等技术，形成了新的商业创新模式。以无人自助超市为例，顾客通过扫码识别身份信息进入商店，选择好所需商品后自助扫码、结账，在出口利用射频识别技术（RFID）自动验证顾客购买的商品后放行。无人自助超市内安装了24小时360°无盲区监控系统，如果有顾客携带未付款的商品出门，系统会自动报警，如果没有购物，出门时只需摁一下出门按钮即可。工作人员还会通过监控平台，随时监控无人自助超市的运行状态。

四、5G+云柜台

（一）传统柜台到云柜台的发展

1. 云柜台的诞生

2021年7月30日，中国银行业协会线上发布《中国银行业客服中心与远程银行发展报告（2020）》，从多个方面介绍了2020年客服中心与远程银行（即云柜台）的整体发展情况，彰显了金融科技化进入加速期的趋势。

在金融数字化转型和新冠肺炎疫情的背景下，银行纷纷加快了向云柜台转型的步伐，通过数字化赋能云柜台，开始从扎根网络转变为加速上云。其中，发展非接触金融服务是转型的核心，把以往线下的业务安全、稳定地转移到线上，满足客户“非接触”的需求，并提升用户的体验。

云柜台可以独立全面经营具有远程属性的客户，成为与线下物理网点并重的空中分行，负责端到端的客户经营，从“被动服务”和“外呼营销”的角色转变为“主动经营”的全面客户关系管理部门，是不受地域、时间和业务限制的“超级空中分行”。

从实际业务角度出发，云柜台的业务范畴包括但不限于通过网上银行、手机银行、短信、微银行等主流渠道及支付宝、微信等新兴渠道，开展产品销售、财富管理、个人信贷、个人功能性产品、信用卡业务、新客户获取、客户非金融类需求等远程综合性金融业务。

2. 云柜台相比传统柜台的优势

银行柜台，简单来说就是银行网点中高高的、隔着防弹玻璃的柜台，可为客户办理几乎所有的业务，包括开户、存取款、汇款、开网银、挂失等。由于柜台里有大量现金，出于安防考虑将客户与柜员隔开，但同时也给双方的沟通造成了不便。

改革开放40多年以来，银行柜台一直在发生变化。在早期，铁门和栏杆就算安全防护措施，柜员手工建档工作，在一张硬纸壳（即客户底卡）上简单记录客户姓名，存取款及余额，办公条件可谓简陋。发展到现在，防弹玻璃成了银行柜台的标配，客户和柜员隔着玻璃对话和办理业务。

银行传统柜台用一块玻璃将客户和柜员双方隔开，而云柜台则是把这块玻璃变成一块屏幕，玻璃后的柜员，变成了屏幕里的人，柜员虽然仍未实际接触客户，但却可以通过视频与客户进行顺畅沟通，并为客户完成业务的办理。这时，两者交互的距离可以拉得无限远，实现柜台业务远程化，使柜员可以走出原来的实体网点，从前台走向后台，集中到后台的运营中心为客户服务。

而云柜台对交互模式的改变，也使得对相关实物的处理手段实现了多样化和独立化，可由网点机具提供、网点人工发放及物流配送等方式独立完成。

云柜台依托视频通信技术，将传统柜台远程化，客户可通过手机、平板电脑、网点固定机具等硬件设备与银行远程柜员进行“面对面”交流，直接口述业务诉求，由远程柜员完成业务操作和办理，实现“远程式服务、临柜式体验”，给客户提供了极大的便利，同时满足了客户的基本业务需求。

（二）5G+云柜台的融合发展

5G作为新一代通信技术，构筑了终端与云端新的快速通道，其高速率、大容量、低时延的连接能力，可支持海量终端高速接入云端，融合物联网和边缘计算，实现物与物、人与物、人与人的全面连接，推动银行基础架构体系从传统的技术支撑向价值创造的全面升级。

1. 5G技术构建支持云柜台发展的科技体系

中国人民银行发布的《金融科技（FinTech）发展规划（2019—2021年）》中提到“要进一步增强金融业科技应用能力，实现金融与科技深度融合、协调发展，明显增强人民群众对数字化、网络化、智能化金融产品和服务的满意度”。在云柜台的建设中，应用5G等新兴金融科技，可有效突破现有技术障碍，提升存储、传输、计算等基础能力，精准细分客户群，实现业务系统和数据的互联互通，助力前台部门在客户营销等领域开创融合服务的新形态，提升中台风险防控能力，提高云柜台后台业务集中处理效率。

如图3-6所示，借助5G等科技力量，云柜台：一是构建全渠道客户交互平台，有效打通电话、手机银行、网上银行等传统渠道以及微银行、视频银行、第三方外部渠道等所有服务渠道，实现云柜台与目标客户的全渠道对接；二是建设企业级数据中台，充分发挥数据资产的潜在价值，构建数据共享体系，有效整合内外部客户信息，为前台提供专业支持；三是构建大数据平台，在监管合规的前提下，整合内部及外部渠道数据，以此为云柜台打造强大的“数据中台+数据后台”支撑体系。

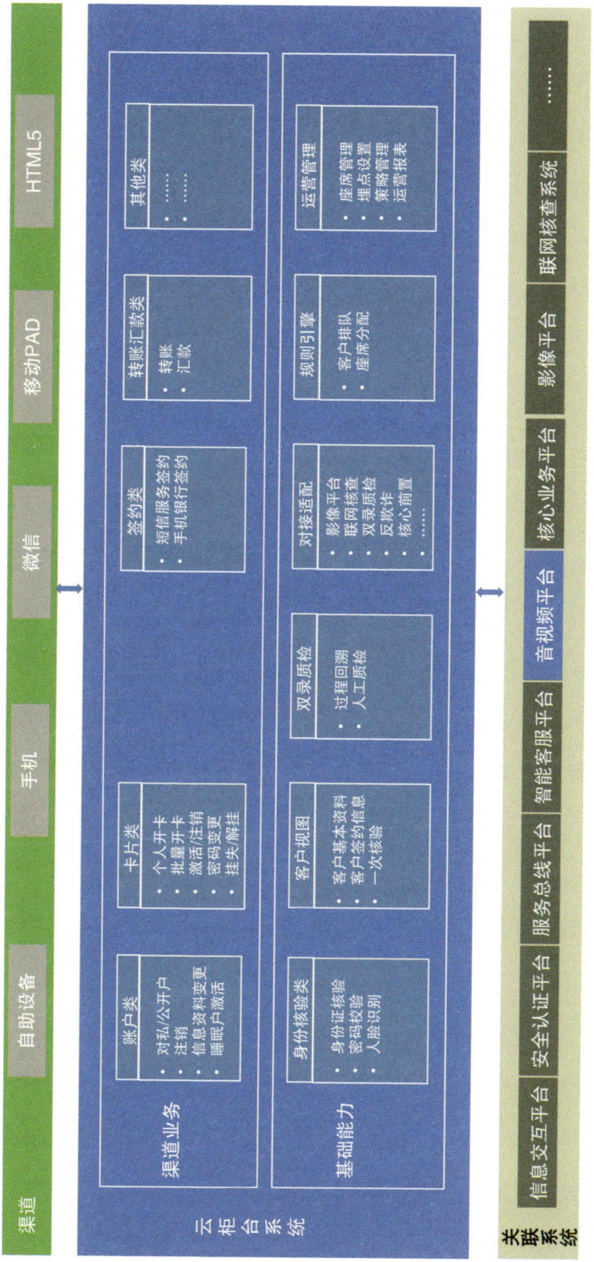
渠道
自助设备
手机
微信
移动PAD
HTML5
云柜台系统
渠道业务
账户类
· 对私/公开户
· 注销
· 信息资料变更
· 睡眠户激活
卡片类
· 个人开卡
· 批量开卡
· 激活/注销
· 密码变更
· 挂失/解挂
签约类
· 短信服务签约
· 手机银行签约
转账汇款类
· 转账
· 汇款
其他类
· ……
· ……
基础能力
身份核验类
· 身份证核验
· 密码校验
· 人脸识别
客户视图
· 客户基本资料
· 客户签约信息
· 一次核验
双录质检
· 过程回溯
· 人工质检
对接适配
· 影像平台
· 联网核查
· 双录质检
· 反欺诈
· 核心前置
· ……
规则引擎
· 客户排队
· 座席分配
运营管理
· 座席管理
· 埋点设置
· 策略管理
· 运营报表
关联系统
信息交互平台
安全认证平台
服务总线平台
智能客服平台
音视频平台
核心业务平台
影像平台
联网核查系统
……

图3-6 云柜台系统架构

2. 5G+云柜台深化银行非接触服务能力

新冠肺炎疫情在一定程度上改变了社会公众的观念和行为，以“在线经济”“非接触经济”“宅经济”为代表的创新商业模式形成的新业态正在发展壮大。与此同时，金融服务也正在快速地从过去“面对面”的网点“接触式”服务模式，向“非面对面”的远程化、线上化、数字化、智能化的“零接触式”服务模式转变。

通过5G+云柜台，用户足不出户即可办理业务，各家银行在新冠肺炎疫情期间，陆续通过云柜台推出了零接触式贷款、智能客服、移动客服等远程服务模式，实现服务不间断，为客户提供优质服务。这些举措可缓解线下压力，助力企业复工复产，得到了客户及社会的认可，其中包括：

（1）语音交互。5G+云柜台可将智能语音作为重要的交互入口，利用去噪算法有效提高语音识别准确率，提升客户使用手机银行时的便利性。

（2）视频通话。5G+云柜台借助5G网络大带宽、低时延的特点，通过视频播放组件在充分利用5G网络大带宽的同时兼顾流量及性能，同时探索视频直播与金融服务相结合的应用场景，融入财经、健康等相关知识。

3. 5G+云柜台智能终端

云柜台网点终端以定制开发的轻量化高清智能服务一体机为基础，利用5G+4k级音视频套件，打造多场景、多终端对接能力，实现基于实时视频服务的一个终端和N个场景应用的接入，届时客户只需说出需求即可完成VIP式的业务办理、理财推荐等专业化多场景沟通，让客户享受到比传统网点面对面服务更高效、更全面的“临柜式”服务体验。同时在产品升级中，原有部分发卡、发密钥、扫描、打印等功能可以通过扫码实现共享使用，避免资源的浪费，从而使银行服务在兼顾效率、资源、服务的同时，保持真人式服务的温度。

5G网络通过100Mb/s的传输速率以及10Gb/s以上的峰值速率提升了远程协助的通信体验，5G的低时延特性更好地满足了云柜台设备的实时交互需求。此外，云柜台可通过5G打造的“云化”集约管理，将网点原有的柜员人力释放出来，让原来的柜员由“操作型”向“营销服务型”转变，以“主动营销”助力银行服务向外走，为客户提供优质的金融服务体验，同时给银行带来极大的业务提升。

五、5G+移动金融消息

（一）5G消息简介

5G消息即RCS消息（Rich Communication Services & Suite，RCS），又名富媒体通信，是全球移动通信系统协会在2018年提出的一种通信方式，一般可将其分为针对终端用户的“RCS增强短信”和针对商家、企业的“RCS商业富媒体消息”。5G到来之际，社会的各大产业都在进行升级，全球的通信运营商已经达成共识，把传统的短信业务依托5G技术全面升级为富媒体消息，也就是5G消息。5G消息提供了更高品质和丰富多彩的信息通信体验，并衍生出更多样的5G服务，更稳定、高效、安全的通信渠道。

5G消息基于物联网、大数据、人工智能等技术对手机终端原生信息入口进行全面革新，形成一种支持文本、图片、视频、音频、动画、表情、位置等多格式的富媒体消息业务。5G消息基于手机原生应用，无需下载App，其业务场景主要有两类：①个人用户之间的信息交互（点对点消息），如在线/离线消息，群发/群聊等。②行业客户和个人用户之间的信息交互（information exchange），如提供智能语音/智能客服，购物、支付等各类增值服务。同时还结合建立混合模型，实现对垃圾短信的分析和过滤，支持加密传输、图形密码等交互方式。相对于目前的社交产品，5G消息具有免注册登录、免安装应用、已实名认证、降低复杂度等显著特征，为其与不同行业的融合和应用提供了先天条件。除此之外，5G消息还有如下特点。

（1）使用更简单。5G消息基于短信升级，手机号码即账号，以前金融机构在营销或风控中通过公众号或App注册绑定并不能覆盖和绑定所有客户，而通过5G消息，金融机构可以更好地触达客户，更好地完善风控体系和激活睡眠户。

（2）信息更安全。传统短信的短链接存在安全风险，5G消息服务号由运营商官方认证，更安全、更可信。

（3）内容更丰富。短信只能发送文字，而5G消息可提供文字+图片+视频+位置等多媒体融合通信，如在扣费短信后增加场景营销内容。

（4）联系更便捷。行业短信只能单向推送，5G消息即服务，用户在消息窗口内即可获得一站式交互服务。

（5）数据更智能。5G消息结合运营商大数据和AI能力，让数据更准确、业务更智能、服务更全面。

（6）标准更通用。5G消息基于国际标准，全球运营商可以互联互通，通过手机号码保证100%触达客户。

2020年4月8日，中国移动、中国电信、中国联通携手11家合作伙伴共同发布《5G消息白皮书》，全面提出短信业务进入升级通道，传统的短信会被5G消息逐步取代。

（二）5G消息产品优势

5G消息具有的免注册、免登录、免安装、实名制等天然优势，为其大规模商用带来了丰富的场景，也推动了相关行业应用服务向更轻量化转移，并且商业的富媒体消息为企业和用户都提供了一条全新的通道，依托这条通道，企业能直接触达用户，用户也可直接触达服务。5G消息还支持加密的信息交互方式，可提供信息安全保障，保护用户隐私。在实际的行业应用中，如金融、银行、教育、医疗等领域，存在着App推广和安装成本高、留存率低、用户活跃度低等问题；小程序和公众号存在服务入口过深，依托大型社交平台的特点。相比之下，5G消息可更加便捷、高效、安全地帮助企业与个人进行信息交互，提升相关行业服务体验。另外，5G消息可以促进建立共赢的产业生态体系，企业可以通过5G消息基础通信服务，构建自主可控、属于自身私域的消息服务平台。5G消息与传统短信的区别详见表3-1。

表3-1　5G消息与传统短信的区别

区别	5G消息	传统短信
功能上	5G消息是多媒体的、能互动服务的，不仅有文字、图片，还能发视频、位置，甚至能够完成支付等	只支持文本信息
价格上	将按流量计费而非按条收费	3～6分/条
营销上	提高短信可信度，用户可以从5G消息了解相应的服务，有利于营销推广	带有链接的短信可信度低，用户不会轻易打开短信链接

5G消息的核心价值特点如下：

（1）手机内置。

中国电信、中国移动、中国联通这三大运营商联合中兴、华为、小米、OPPO等在内的11家终端厂商推出5G消息服务，以手机原生的短信App为入口，无需再安装App，无需关注服务号，三网互通，全网触达。

（2）定制消息菜单。

通过5G消息的开放平台，企业可以根据自身业务的需要，定制菜单按钮和底部、悬浮菜单，同时消息内容支持原生HTML5、浏览器跳转、App跳转等多样的展现方式。

（3）实名制度。

手机号码作为用户的唯一ID，已经进行实名制认证。

5G消息的开放平台为企业提供了申请认证方式，通过短信抬头显示企业认证名称和品牌标志（logo）等形式，提高企业的官方可信度，消除用户的担忧。同时提高品牌曝光率，提升品牌认知度。

（4）丰富的富媒体消息。

5G消息内容包括文字、高清图片、音频、视频、位置、文件等富媒体内容，展现形式支持单卡片和多卡片样式，支持轻应用交互性场景，支持手机浏览器原生跳转、App直接跳转等方式，在丰富应用场景的同时，极大地降低了流量转换的成本。

（5）Chatbot聊天机器人。

基于深度学习自然语言引擎的对话机器人，具备5G消息企业应用下各类场景的服务能力，可提供不同交互模式下的智能回复、智能客服、智能营销等服务。如Chatbot聊天机器人可为用户提供航班/列车动态信息、票务/酒店预订、专车接送、出行攻略等服务。

（三）5G消息金融应用场景

以银行为例，用户通过手机短信消息窗口，基于5G消息的金融消息应用平台，可以进行银行转账、信用卡申请、理财产品的快捷购买等，根据手机定位服务，还可以随时查询周边的银行网点。通过这些实现了金融机构、运营商和客户三方的无缝连接。5G消息可实现消息加密传输，能够更好地防范伪基站短信诈骗等潜在风险，有效守护客户的信息安全，使银行服务变得更加轻量化、便捷化，实现“消息即服务”。

5G智慧金融的消息平台在保持用户原有使用习惯不变的情况下，仅通过短信增强功能即可让用户体验丰富和便捷的金融服务，提升金融业务的普适性。5G消息具有以下优势：

5G富媒体消息交互结合营销活动，可以提高银行在线业务办理成交效率，形成5G消息在线业务办理场景闭环，实现储蓄卡/信用卡信息智能推送、一键还款、网点服务等信息服务功能，还适用于智能客户+人工客户、创新型安全消息认证、信息精准推送等场景。基于5G消息富媒体形态的特质，可以向用户推送多样化形式的消息，打破固定的消息模板、模式，丰富消息形态，实现文字、图片等多种信息的有效融合。5G消息可让用户快速享受新型服务模式，无需安装或打开App，免去繁琐的安全验证，可实现业务零门槛办理，让更多的用户享受方便、快捷、安全的生活金融服务。通过大数据智能提供各类产品和服务，5G消息可以为用户呈现智能化服务新形态，有助于提升数字化经营能力，提供实时交互一站式服务，提升整体用户服务体验。

目前各大银行都在试点5G消息服务，2020年12月，中国银行联合中国联通推出基于5G消息的金融应用试点平台，并率先在海南开展“5G消息志愿者”首批试点活动，让志愿者使用支持5G消息的定制手机，体验基于5G消息的金融应用。本次中国银行推出的基于5G消息的金融应用试点平台，涵盖了账户查询、信用卡办理、外币预约、牌价查询、贷款查询、优惠活动推送等高频应用场景。近年来，各大银行试点5G消息的案例如表3–2所示。

表3-2　各大银行试点5G消息案例

时间	银行	服务	亮点
2020年9月	泸州银行	查询、通知、业务预约、客户服务和业务办理、手机号码支付等	基于5G消息技术的手机号码转账服务
2020年9月	新网银行	业务办理	针对小微商户推出“好事贷”“烟商贷”
2020年9月	江苏银行	理财、基金、贵金属等金融产品，信用卡申请、消费贷测额等金融业务，资讯阅读、机场酒店票务订购、不动产信息查询等非金融服务	首个银行业5G消息平台
2020年9月	浦发银行	智能消息对话、智能业务办理	外滩大会浦发银行展区
2020年12月	工商银行	投资理财、办卡、贷款、缴费、智能客服、网点预约等	联合中国移动发布《5G时代银行创新白皮书》
2020年12月	中国银行	账户查询、信用卡办理、外币预约、牌价查询、贷款查询、优惠活动推送等	推出5G消息金融应用试点平台
2021年1月	农业银行	余额查询、投资理财、贷款申请、信用卡分期、生活缴费等	
2021年1月	平安银行	5G消息推送	打造5G消息平台

2021年1月，农业银行开展5G消息平台新技术赛道落地试点活动，持续推进5G消息平台建设，促进金融创新场景落地。客户在原生短信应用内可查看各类通知消息，足不出户即可完成余额查询、投资理财、贷款申请、信用卡分期、生活缴费等业务办理，简化了操作流程，缩短了交易链条，形成了全流程业务闭环，提高客户转化率。

工商银行于2020年12月推出的5G消息服务，涵盖了投资理财、办卡、贷款、缴费、智能客服、网点预约等20余项应用场景。例如，客户点击“我要办卡”“我要贷款”栏目，无需下载App即可实时查看工商银行热门的信用卡、借记卡产品介绍，获取工商银行个人、小微企业贷款业务信息。

广发银行信用卡于2020年推出5G消息服务，用户可在5G消息内直接查看附近的网点，直接拨打网点电话即可进行服务预约。且可通过5G消息直接跳转至应用市场下载手机银行，并优化了动账消息的展示方式（图3-7）。

图3-7　广发银行试点案例

六、5G+数字化运营

随着人工智能、区块链、大数据、云计算等前沿技术的发展，全球银行业正在加速迈入4.0时代，中国银行业协会发布的《2021年中国银行业服务报告》显示，银行业务体验越发脱离实体网点，银行业务离柜率已超过90%，电子银行移动化趋势日趋明显、网点创新数字化转型加速显著，同时伴随“十四五”规划重申金融科技、新冠肺炎疫情推动银行客户向线上迁移等，数字化运营已经成为银行业竞争的新高地。

（一）5G+数字化运营转型背景

国家政策的出台为银行数字化运营转型奠定了理论基础，2020年10月发布的《中华人民共和国国民经济和社会发展第十四个五年规划和2035年远景目标纲要》，在金融科技领域重点提到“要提升金融科技水平”，国家更加注重金融科技对金融普惠性和服务效率的提升，大力支持搭建金融科技新平台和拓宽生态场景，探索金融科技在绿色金融、普惠金融等薄弱环节的应用创新。这无疑为银行数字化转型提供了更为健康的土壤环境，有助于银行有序、合规地加速转型。

前沿技术为银行数字化运营转型提供了技术保障，人工智能、虚拟现实、语音识别技术、5G、区块链等创新技术手段的发展和普及，促使银行业业务的效率和用户体验大大提升，也有利于银行实体网点开展金融服务数字化运营新模式。

新冠肺炎疫情背景下降低银行运营成本迫在眉睫。新冠肺炎疫情的常态化和银行盈利能力的降低导致银行业需要尽可能多地降低自身的运营成本，优化运营模式。通过新技术手段来进一步释放冗余的运营资源，实现运营资源最佳配置，成为大多数银行的最优选择。

新生代客户群体规模扩大，用户体验要求提升，越来越多的年轻客户群体更偏向于非实体网点的业务办理体验，银行必须优化渠道、协调能力来提升该类客户群体的服务体验，否则将会在与互联网金融企业的竞争中败下阵来。互联网金融企业能够提供体验更好、更便捷的金融服务。

（二）5G在数字化运营转型中的作用

随着新技术的日趋成熟，金融科技在银行业的应用中初见成效，各家银行越发重视数据对银行业务运营的重要性。但从整体发展水平来看，银行业在数字化转型道路上尚未完全突破自身枷锁，特别是在数字化运营方向上，主要面临以下几大痛点：

（1）大范围数据孤岛问题普遍存在，数据与业务割裂严重，导致运营效率低下。多数银行面临数据流与业务流未打通的尴尬情况，数据独立运作，数据应用工具操作繁琐、复杂，运营自动化的处理效率低下，缺乏对运营流程的有效追踪，存在运营流程盲区，以致难以及时优化运营策略。

（2）数据基础薄弱，数据应用能力不足。虽然有些银行完成了数据治理工作，但数据治理成效一般，全域的数据共享仍很难实现全面覆盖，同时依然还有部分银行未开始进行数据治理工作，这就导致数据质量差、口径不一致、时效性低等问题日益突出；同时，还有银行缺乏数据应用的营销系统和标签系统，系统性投入不足，导致数据价值很难被挖掘。

5G的技术特点能很好地解决以上痛点问题，有助于银行业数字化运营转型。

（三）5G+数字化运营转型的创新发展

目前虽然面临种种转型困境，但是银行业依然在数字化运营转型的实践中找到了一些发力点，如对银行内部数字化运营体系的组织架构和职能进行调整，建立敏捷、高效的运营体系架构，以便更好地打破部门隔阂，实现运营与业务条线的有效融合；打造线上线下一体化的多渠道协同，建设线上或线下的渠道整合平台，分步骤完成渠道层有效整合，提升服务能力；加强客户体验的体系建设，包括评估体系、敏捷工作机制等；组建专业团队建设以客户为中心的数字化营销平台、运营平台、风控平台，最终形成全行级数字化大运营中台。

有研究指出，银行在数字化运营及营销方面还有很长的路要走，无论是用户、产品、内容，还是活动运营，都有很大的深耕空间。银行只有突破线上线下的制约，通过数字化运营和营销，统一集约管理，创新业务场景，才能不断满足客户的实际需求，同时为客户创造新的业务需求。

七、5G+产业金融

（一）产业金融发展现状

过去20年我国经济快速增长，投融资需求旺盛，金融业得以蓬勃发展，产业金融方兴未艾。然而经济高速扩张的同时，不仅实体经济的杠杆率迅速攀升，金融业也面临脱实向虚的风险。当前我国金融业正从高速度发展向高质量发展转变，金融如何更好地服务实体经济、帮助实体企业健康发展已成为社会共同关注的话题。中小微企业作为实体经济的重要组成部分，承担了经济贡献、税收贡献、就业贡献的重要责任，更是金融业需要重点扶持的群体，产业端的融资需求亟待满足。加强中小微企业金融服务是金融支持实体经济、稳定就业、鼓励创业的重要内容，事关经济社会发展全局，具有十分重要的战略意义。

产业金融作为产融结合一体化的发展模式，在提供产业发展的金融整体解决方案、促进资金融通、资源整合、价值增值方面较传统商业金融具有独特优势，有效顺应了经济发展趋势。通过产业和金融高度融合，企业从战略管理、产品研发、市场营销、组织管理等多层次深入融合，形成产业金融生态圈，从而提升价值创造水平。产业金融的发展源于融资而又远远不限于融资，金融持续赋能产业，以资本为纽带提高产业运行效率。

国有大型银行在产融结合上正不断探索，例如中国建设银行联合中国国家铁路集团有限公司、国家电网有限公司、中国船舶重工集团有限公司、中国长江三峡集团有限公司、中国五矿集团有限公司发起设立了建信融通有限责任公司。该公司以产融结合为基础，通过打造新型供应链生态圈，为产业链上下游企业提供高效、优质、便捷的服务。其平台提供了融信数字债权凭证、资产支持证券（Asset-Backed Securities，ABS）、应收账款、订单融资等产融产品和服务，满足产业链资金结算和融通的需求，服务超500家核心产业链客户，交易额累计过万亿元。

（二）5G技术对产业金融的划时代意义

数字经济已成为国家经济发展极为重要的支柱。十九届四中全会新闻发布会首次提出数据可以同劳动、资本、土地、技术等一样作为生产要素，有效的数据是推动新兴产业发展的基础；而5G技术正催生数据流量爆发增长，数据流量呈现指数级增长，流量红利将赋能千行百业。

金融的核心问题是信息不对称，数据正是解决信息不对称问题的关键。数据代表着风险，在这个维度上5G会给金融行业带来关键改变。例如5G+动产融资、5G+供应链金融等场景都是产业金融的重要进步。5G、人工智能、区块链等技术的不断变革正在帮助金融降本增效，也助力金融为中小微企业提供高性价比的金融服务。

（三）5G+产业金融的创新发展

借助5G技术，产业金融大趋势不可阻挡，5G、产业、金融融合应用的过程也是5G与云计算、人工智能、大数据、区块链等新一代技术融合应用于金融业并最终赋能实体经济的过程。随着5G网络覆盖率的提升，产业生态将进入加速阶段，金融与各行各业也正在形成合作共赢机制。一是更多金融机构探索采用5G方案为产业客户提供金融服务的商业模式，意味着5G让更多产业场景与金融对接，帮助金融机构更好地服务和拓展客户；二是通过5G实时数据传输，金融机构能更了解产业的真实画像，更好地帮助产业金融应用的监管，提升金融机构风控水平。

5G让更多产业场景与金融对接。智慧金融正在全面向着生态化、场景化推进，5G技术可以为新时期创新场景赋能，满足全量客户不同维度的金融服务需求。5G技术的广连接特性推动“万物互联”，让产业中的人、物、事、组织形成更全面的产业画像，如海量物品信息的流转、存储、处理、共享均在5G物联网上进行，金融机构能在监管完善的基础上利用部分脱敏大数据，对物联网上的物品信息进行综合分析和判断，实现支付、贷款、投资、资产管理等新型金融服务，可以将金融服务融入客户的生活，为智慧家庭、医疗健康、零售服务、工业物联网、车联网等场景提供有针对性的金融产品。

5G高速率、低时延的特点让工业互联网、新兴产业等迅速发展，企业与企业的交易从线下转为线上，打破物理空间、跨产业等限制，产业的集群趋势逐渐增强。2020年9月，《关于扩大战略性新兴产业投资培育壮大新增长点增长极的指导意见》中提出要深入推进国家战略性产业集群发展工程。产业集群更利于金融机构开展供应链金融业务，利用资金流、信息流、物流、商流实现四流合一，推动供应链金融可衡量、可分析，惠及更多中小微企业。

5G技术辅助产业金融应用更好地监管。用技术赋能金融场景，但金融的本质不能变，产业金融的核心在于风控监管，产业是否能融资取决于金融机构是否能全面、真实、及时地了解产业发展的情况。5G与产业金融融合应用能借用新技术强化监管手段，持续加强和凸显金融业的本质。如动产融资等一系列产业交易融资，通过5G+物联网，对金融主题相关信息动态进行多维度的获取；低时延的高清视频能让风控身临其境地了解产业的真实应用情况，实时获取企业的实时经营、风险等信息。

同时，5G也要注意防范业务创新风险。5G与传统通信技术相比，具有由技术带动业务发展的特点，5G与产业金融结合，大大促进了整体金融产业数字化、信息化改革。与其他新技术相比，5G是生产关系型、基础设施型技术，有可能带来场景业务底层的变革，所以在进行产业金融场景创新时，需要对每一个环节进行深入分析，进行产品创新及与金融服务融合时，要提前开展全面的调查研究，深入剖析潜在的风险与隐患。2020年3月24日工业和信息化部发布《关于推动5G加快发展的通知》，要求加强5G网络基础设施安全保障，加快构建5G关键信息基础设施安全保障体系，加强对5G核心系统、网络切片、移动边缘计算平台等新对象的网络安全防护，建立风险动态评估、关键设备检测认证等制度和机制，强化5G网络数据安全保护。围绕5G各类典型技术和车联网、工业互联网等典型应用场景，健全完善数据安全管理制度与标准规范。建立5G典型场景数据安全风险动态评估评测机制，强化评估结果运用。培育5G网络安全产业生态。加强5G 网络安全核心技术攻关和成果转化，强化安全服务供给。故在细分场景应用，特别是跨产业创新时，需要探讨5G的安全标准及技术政策，可推动有关方面的立法，积极促进基于5G金融场景的标准体系建设，在技术、流程、风控、规则等多维度建立统一标准；加强监管层面技术研发，从用户隐私、网络安全、信息安全等维度出发，研发基于金融属性监测技术安全性的手段。

八、5G+动产风控

（一）动产风控发展现状

1. 动产风控背景

动产质押监管是银行、企业、保险、第三方物流公司共同完成的动产质押与厂商银行互动的产物，它是指企业以市场畅销、价格波动幅度小、处于正常贸易流转状态而且符合要求的产成品或其采购的原材料抵押作为银行授信条件，然后在其后续生产经营过程或质押产品销售过程中分阶段还款，运用物流公司的物流信息管理系统，将银行的资金流与企业的物流进行信息整合，由商业银行向企业提供融资、结算服务等一体化的银行综合业务服务，由第三方物流企业提供质押品的监管、价值评估、信用担保等服务，从而架起银行和企业之间资金融通的桥梁。

动产贷款作为对应企业现金流的短期贷款，是近年来商业银行推广运用的一种新型信贷业务品种，它具有较强的流动性和变现能力、价值不确定性、保管难度大、易于灭失等特点。

在现代商业活动中，不可避免地存在信息不对称的情况。基于此，参与商业博弈的各主体，探讨动产质物（生产原材料、产成品、半成品和在制品等）的风险来源，挖掘动产质物风险行程机制，建立质物风险识别系统和预警系统尤为重要。

动产质物面临如下风险：

（1）动产质物市场价格波动风险——作为质物的生产原材料和

作为质物的动产之间存在不小的差异。基于此，市场价格波动性给动产质物所带来的风险不能被忽视。生产原材料的天然优势有销售渠道稳定、市场价格波动小和变现能力强，理论上天然原材料完全可以规避市场价格波动。与天然原材料对应，动产质押物（产成品、半成品和在制品）潜在风险极易暴露于市场价格波动。基于此差异，动产质物的特点不能简单地定义为价格波动小。现行规避市场价格波动引发动产质物风险的对策是就风险时序指标进行风险采集，并运用定量分析方法对特定风险的发生概率及损失度进行评估和度量。

（2）动产质物权属风险。当前，我国关于供应链金融的相关法律法规仍处于建设过程中，动产风控在行业内也缺乏可依据的指导性文件，现行办法均属于探索和尝试。动产风控运作常态的复杂性表现为动产质物所有权流转而引发各类潜在纠纷的风险是不可避免的。现行规避动产质押潜在风险的对策是必须使用规范的法律合同文本，明确各方的权利和义务；规范动产质物来源渠道及关注动产质物权属的合法性等。

（3）动产质物监管风险。传统监管业务缺少信息化收单。第一，由于原有传统物流监管缺少信息化、智慧物联网、区块链等技术的辅助监管手段，使得货品在管理、登记、运输、质押的全流程环节中，缺少有效的监管数据和信息互通来对货品进行追踪溯源，从而无法保障全流程信息化闭环，也无法保障监管的安全性和透明度。第二，目前传统监管中出现的质押清单、非标仓单、入库单等纸质单据要素不全，缺乏特定动产对应关系等问题，对动产质物权属的保障造成了困难。第三，保管机构、监管机构、货主、融资机构四方关系复杂，导致资产控制需求非常个性化，业务门槛较低、竞争激烈、风险控制技术水平较低，导致动产质物监管实际上难以大规模、高可靠性地运行。第四，存在道德风险，监管公司管理不规范、人员管理难，导致仓管人可能出现监守自盗的情况，导致质物有被置换或丢失的风险。

2. 动产风控发展现状

如图3–8所示，2020年中国动产融资中债权类供应链金融融资市场规模占供应链金融融资市场规模的64.63%，货权类供应链金融融资市场规模占34.5%。如图3–9所示，按照动产融资总规模市场缺口计算，在市场分布不偏离的前提下，银行动产融资市场规模达10万亿元～15万亿元缺口，其中货权类供应链金融融资市场缺口达到3.45万亿元～5.17万亿元，占比34.5%。债权类供应链金融大部分依托核心企业信用而非存货等动产自身资产，货权类动产融资的市场不成熟使得企业大部分存货资源成为“休眠资产”，严重滞后产业需求。在依托核心企业信用的债权型市场基本饱和的情况下，货权类融资是未来供应链金融融资业务的主要突破口。

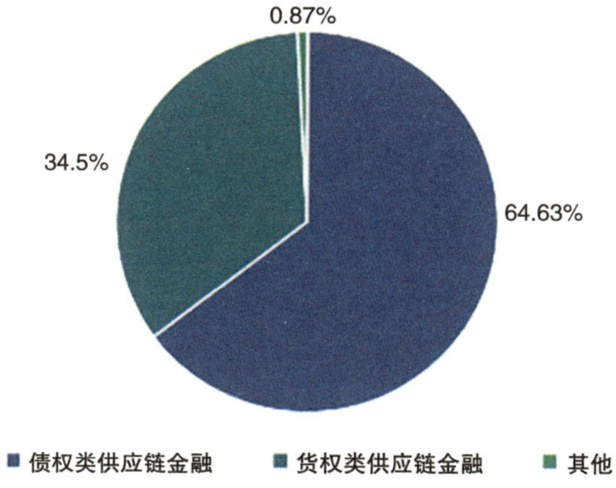

图3–8　2020年中国动产融资市场分布

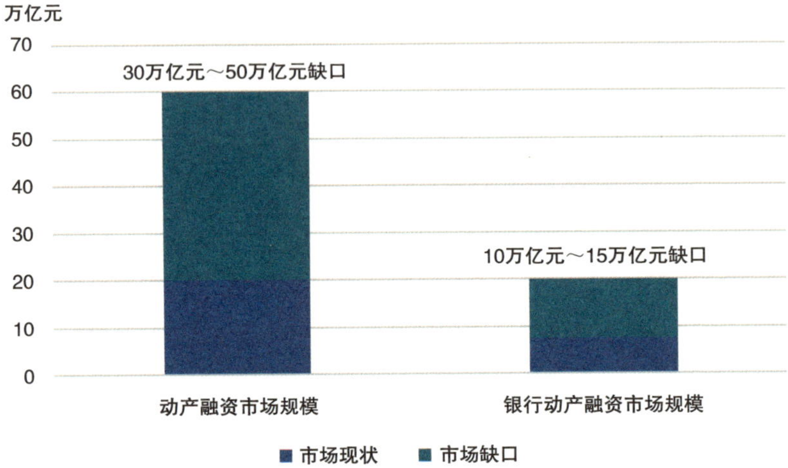

图3-9　中国动产融资需求侧与供给侧市场缺口

货权类动产融资需有完备的动产风险管控作为支撑。货权类动产融资缺口数据的分析，一方面证明融资方在货权类动产融资的成本高，另一方面证明银行对货权类动产融资的兴趣小。银行对货权类动产融资的兴趣大小是决定动产融资成本高低的前提，而完善的监管手段是银行能对货权类动产融资提起兴趣的前提。近年来，随着物联网、5G、区块链等数字化技术的进步，建立依托于数字化技术的货权类动产融资风险管控平台是帮助产业发展的必要途径，其能为传统的监管方式提供全新的监管思路，激活货权类动产市场，提高银行贷款信心，疏通营商环境“堵点”。

根据调研，银行对货权类流动资产的担忧主要由四方面组成，即不便于控制、监管难、估值难、变现难，这四点也是货权类资产的主要风险要素。

另外，在抵押人不能履行合同义务的时候，由于是动产抵押，所以动产所在地域范围并不能被准确定位，一旦超出银行所能搜索的地域范围，那么银行就要面临贷款难以收回的呆账、坏账的风险。所以，在当下的动产抵押制度的背景下，银行对抵押资产的选择是十分谨慎的，也就造成了当今动产抵押制度在银行业务中难以发挥其应有功能的现实困境和难题。

（二）5G技术在动产风控中的应用价值

5G时代的金融风控相比4G时代有较大进步，4G时代风控的开展更多以财务账面等静态数据为依托，风控模式具有较大的局限性。5G网络下智能手机、智能汽车、可穿戴设备等海量异构连接终端产生的大量、高频、多维度的数据成为判定风险与控制风险的可靠依据，同时对数据安全与网络安全也提出了更高要求。结合新型IT软硬件升级的风控模型、边缘计算技术、网络切片技术等，5G时代金融风险防控手段更加多样、方式更加多维、对风险的识别与处理更加实时，将有效提升金融机构运营管理的安全性。

使用5G网络连接海量终端如5G电子锁、RFID定位卡片、远程打卡、智能门禁，实时收集和回传人物、设备、系统、行为等数据，结合大数据分析，提升信贷风控能力；AI识别枪机、多角度云台机等通过5G网络实现实时高清视频监控和回传分析，实现业务办理全过程视频监控，预防不当和错误行为；可视化交互设备通过5G网络实现对金融交易过程的可视化及自动化处理，提升用户体验的同时，避免人工自由裁量。

借助5G大带宽及低时延的特性，通过物联网通信模组监控（综合应用射频识别、机器视觉、二维码、无人机轮廓扫描等手段）和区块链加密等技术，帮助银行实时掌握待融资资产在途、在库、在仓的真实状态（地理位置、温度、湿度等信息），保障资产信息真实、不可篡改，确保对待融资标的物的实时可控。同时利用大数据技术将系统端口接入企业（进货、销售、存量等）核心管理系统，并与外部第三方平台（政府集采平台等权威数据来源）进行数据比对，实现对待融资资产真实贸易背景的逐笔验证。通过运用大数据、云计算、人工智能技术联合建模，向银行提供针对实体资产在融资后的存续期内潜在风险的实时预警功能，提高银行数字化风控水平，帮助银行实现贷后管理的数字化转型。

图3-10所示为5G+动产风控在养殖案例中的应用，通过物联网技术改变对农户猪栏的管理方式，包括猪栏现场的管理、数字化系统的管理。建设覆盖猪栏的5G网络，规模部署物联网终端，实现对猪栏内牲畜、人员及环境安全的智能管控。通过5G物联网对猪栏内的牲畜实施一物一码溯源，将无源RIFD识别器安装在牲畜身上，保证牲畜信息与牲畜活体一一对应，实现对牲畜生命体征的实时跟踪，同时利用摄像头等设备对养殖信息、牲畜发情信息、牲畜位置信息、环境信息进行实时监控，实现猪栏数字化管理。

通过物联网对猪栏内的牲畜进行监控，利用传感技术监控猪栏内的环境条件，如牲畜出现疾病情况，也可对周围猪栏进行预防告警。可降低人工监管成本，防范资产风险。

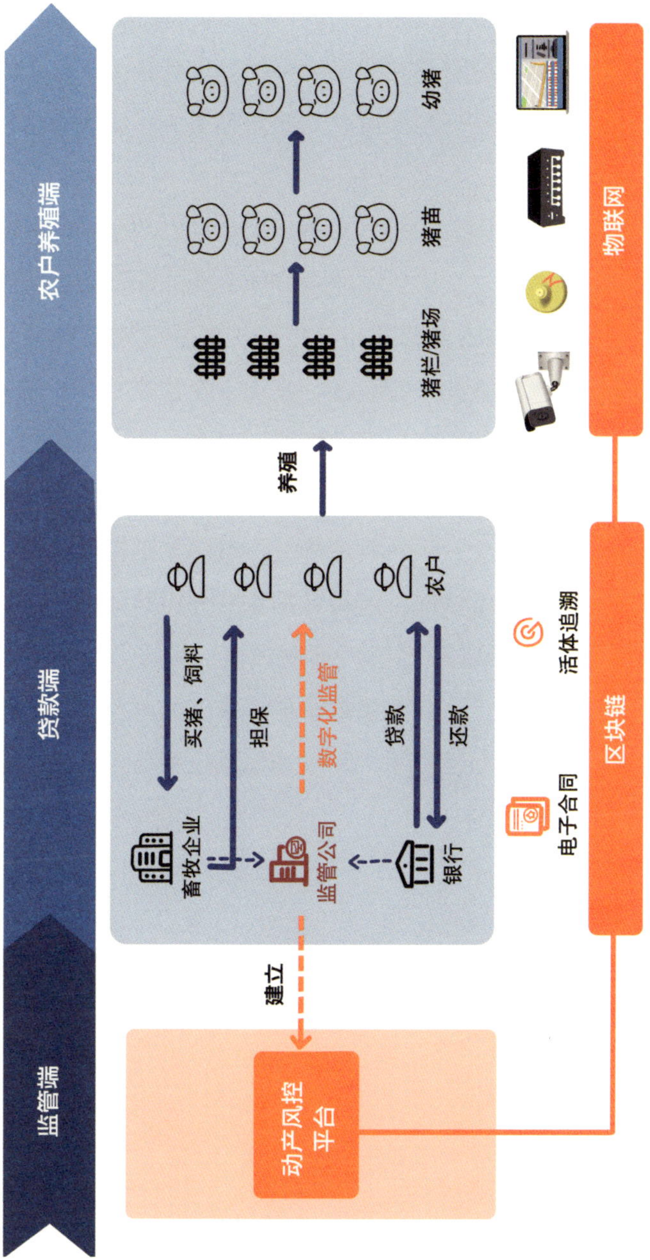

图3-10　5G+动产风控在养殖案例中的应用

养殖环境智能监控系统利用物联网技术，围绕养殖的生产和管理环节，通过智能传感器在线采集猪栏环境信息（二氧化碳、氨气、硫化氢浓度，空气温湿度，光照强度等），实现对猪栏的智能监控与科学管理。

基于统一的物联网感知接入平台、大数据以及金融区块链服务，从业务需求角度对金融机构的内部能力及外部资源进行业务方案层的整合，可形成整套核心能力可控的物联网金融感知平台。通过物联网风控智能采集设备，实现企业数据实时采集、自动获取，随时掌握企业的生产经营情况。通过全面应用数据比对分析模型、经营数据分析模型、趋势预测分析模型、风险预警模型，预估企业开工时长、设备利用率、产量等关键指标，统计分析企业生产经营的异常情况，实现数据比对分析验证和风险预测预警。风控是金融领域的核心，5G在数据、算法、算力等维度将给传统的金融风控带来新的挑战，但多维度的监控数据等将持续优化现代风控机制与运营手段，下一代风控系统将更加智能。

九、小　　结

在5G移动通信技术的支持下，智慧金融已经逐渐融入人们的生活。5G+场景金融让银行网点与人们的生活无缝连接；5G+金融终端给人们带来方便、快捷的生活，就医不再需要排队等候，医生可以远程提供精准、有效的治疗；仅需识别车牌号就可以知道要加几号油，日常出行也变得更加简单；5G+云柜台逐渐取代传统柜台，人们足不出户就可以办理金融业务；信息可以被精准推送；AI走进千家万户……智慧金融、智能生活不再是一句简单的口号，而是已经成为人们的日常生活。

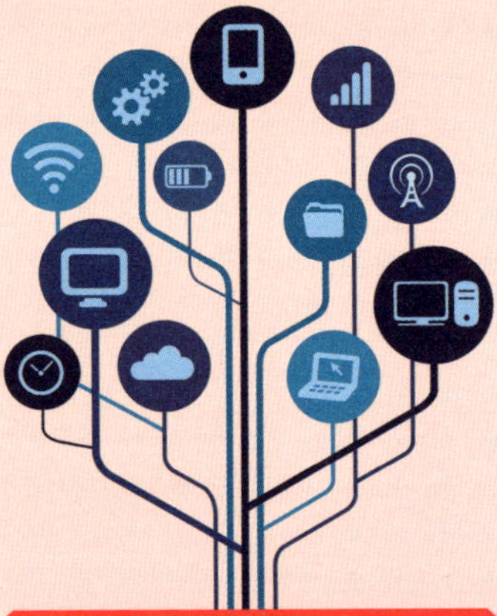

5G 的世界　智慧金融

第四章

智慧金融未来展望

一、引　言

智慧金融的本质是通过科技赋能金融，让金融更加高效、智能、安全和普惠。随着5G、云计算、人工智能等技术的迅猛发展，集合大数据以及生物识别等前沿科技元素的智慧金融已经成为金融业发展转型的必然趋势。随着移动互联网的快速发展和智能设备的普及，金融消费者的行为模式发生了显著变化。自2020年“新基建”横空出世并首次被写入政府工作报告后，国家大力推动重点领域新兴技术创新，加大对金融基础设施的建设力度。基于此大环境，智慧金融的发展空间必然会被进一步打开。

二、未来数字化金融服务趋势

发展数字化金融服务是银行业抢占未来，赢得发展主动权的重要手段之一。商业银行必须依赖数字化互联互通构建和拓展自身价值网络、提升服务效率、降低服务成本、不断推陈出新，在此过程中实现自我赋能、合作赋能、生态赋能的递进式发展，要坚定推进金融数字化，为业务赋能，助力高质量发展。

（一）数字化金融服务的背景

在金融服务没有数字化之前，我们遇到了以下问题：

（1）需求侧和供给侧不匹配。需求侧（即客户群结构）的重大变化将导致客户行为习惯的改变。90后、00后开始成为社会消费的一个重要群体，他们更愿意获取线上服务，偏爱定制化、个性化的产品和服务；在供给端上，银行传统的网点服务、上门推销、电话营销等无差别的金融服务模式已不再受到年轻客户的青睐，促使银行在供给侧加快数字化转型。

（2）政策变了，不进行数字化就不合拍。2020年中国首次明确提出“数据”是第五种生产要素，数字经济在当今世界起着非常重要的作用。从经济层面看，中国的经济已经由高速发展阶段转向高质量发展阶段，这对金融服务实体经济、防控金融风险、深化金融改革提出了许多更新、更高的要求。从技术层面看，数字技术已然相当成熟，涉及各种领域，渗透群众生活的方方面面。人工智能、大数据、云计算等技术正以前所未有的深度和广度与金融业紧密融合，为银行数字化转型创造了难得的机遇，也提供了更加优异的技术条件。

（3）非金融公司的发展速度超越了银行。近年来，阿里巴巴、腾讯、京东等纷纷加入金融市场竞争，靠海量用户和数据，迅速渗透金融领域，对银行进行了隔空打击，倒逼传统银行金融服务向数字化金融服务转型，不转型就会失去竞争力。

（二）数字化金融服务的趋势

1. 数字化金融服务的含义

数字化技术利用新一代信息技术，对数据进行收集、传输、存储、分析等，从而打通各个层级之间的数据壁垒，然后提高生产、工作以及运营效率。数字化金融服务的定义就是金融机构将数字化技术应用到业务及管理中，利用数字化技术对数据进行分析，从而推动金融机构完成业务模式转变、提高金融机构内部的运营效率、重塑升级组织架构、强化企业文化的变革措施。

2. 数字化金融服务的意义

（1）从时代背景来看，数字化是引领时代变革的重要方式。

人工智能、5G、区块链、大数据等科技已经应用到金融业务中，如ATM无卡取款中的人脸识别、营业大厅的机器人、线上贷款客户准入与识别以及利用移动设备办理业务等都是将高科技应用到金融服务中的生动实践。随着移动数据技术的发展和终端设备的普及，自媒体、网络购物、吃穿住行生态圈建设等大大改变了人们的生活生产方式。在国家建设网络强国、数字强国的顶层设计下，数字化必将成为未来的发展趋势。

（2）从客户需求来看，数字化是增强服务质效的有效手段。

客户主要追求业务办理更方便、更快捷，而银行对客户的稳定性和业务的收益性、安全性要求更高，实现这些目标都需要通过加大、加快数字化推进力度，在实现数字化的进程中增强服务质效。

（3）从银行发展来看，数字化是提高经营效能的主要方向。

随着金融科技的发展，数字化在客户获取、流量经营、释放人力资源等方面发挥的作用越来越大。一方面，数字化突破了时间、空间的限制，大大提高了获客的便利性，通过平台搭建、场景建设，丰富了获客渠道，变零星获客为批量化、项目化获客。另一方面，数字化建设提升了流量经营的质效，通过在专业市场、网点周边商户布局POS、E收款等渠道产品，利用数字化票据系统、非税电子化系统、二手房资金托管系统等，有效锁定了流量资金，为做大日均存款提供了坚实保障。

3. 数字化金融服务未来的发展趋势

面向未来，数字化金融服务将在监管的支持下，更好地服务实体经济，让在空白领域摸索的市场机构有规可循，与市场机构共同摸索出健康发展的前行路径。展望未来，在数字经济时代，金融与科技融合发展是全球性趋势，实体经济的数字化转型速度不断加快，给金融数字化升级提供了基础。同时，金融服务也不断创新，不断改进，持续支持实体经济的发展。总之，银行将致力于打造数字化生态银行，并将打造金融科技驱动平台、综合金融服务平台、开放共享合作平台，升级互联网金融的服务模式，助推普惠金融建设朝着更加优质、高效、规模化的方向发展。

（三）数字化金融服务前景展望

数字化发展的必然结果是产业数字化。从移动互联的发展现状来看，社交网络、电子商务、交通旅游、娱乐影音、餐饮住宿等产业已经高度依赖互联网进行服务推广，人们衣食住行玩的方方面面已经无法脱离数字化发展的产业形态。当前，我国的数字金融创新已经取得了很好的成绩，在移动支付、线上小额信贷等领域领先全球。这份成绩的取得得益于监管部门在支付金融云、区块链、数字货币、数字信贷、线上理财等各个创新领域不断地建章立制。从生态的角度来看，数字经济下的生态参与者，包括金融机构、核心企业、上下游企业、C端客户，都会通过深度触网顺应产业数字化发展的趋势。

金融服务是不可缺少的，科技正在打破不同行业之间的壁垒，改变既有的商业格局，颠覆运营方式和思维模式。通过数字化的力量让金融服务触达场景，为用户提供全方位的服务以提高用户黏性，进而积累更多的数据。在此基础上通过运用金融科技手段提高效率、量体裁衣，形成生态布局，更多的跨界融合与协同创新将会给用户提供更好的服务、给市场创造更大的价值。

三、未来数字货币应用趋势

（一）数字货币的发展背景

数字货币自诞生后逐渐发展成为数字金融基础设施，数字货币可以促进数字金融的发展，央行数字货币（Central Bank Digital Currencies，CBDC）正成为世界各国发展的重中之重。如图4-1所示，依照当前的推进进度，中国有望成为首发央行数字货币的主要经济体。

数字人民币，即中国人民银行发行的数字形式的法定货币，是一种以广义账户体系为基础、支持银行账户松耦合功能、与纸钞和硬币等价，并具有价值特征和法偿性的可控、匿名的支付工具。数字人民币的概念有两个重点，一是数字人民币是数字形式的法定货币，二是数字人民币和纸钞、硬币等价，主要定位于现金（M0）。

目前数字人民币主要以“硬钱包”和“软钱包”两种形态面向公众，其中“软钱包”应用主要以数字人民币App为主，“硬钱包”有IC卡、可穿戴设备、物联网设备等。

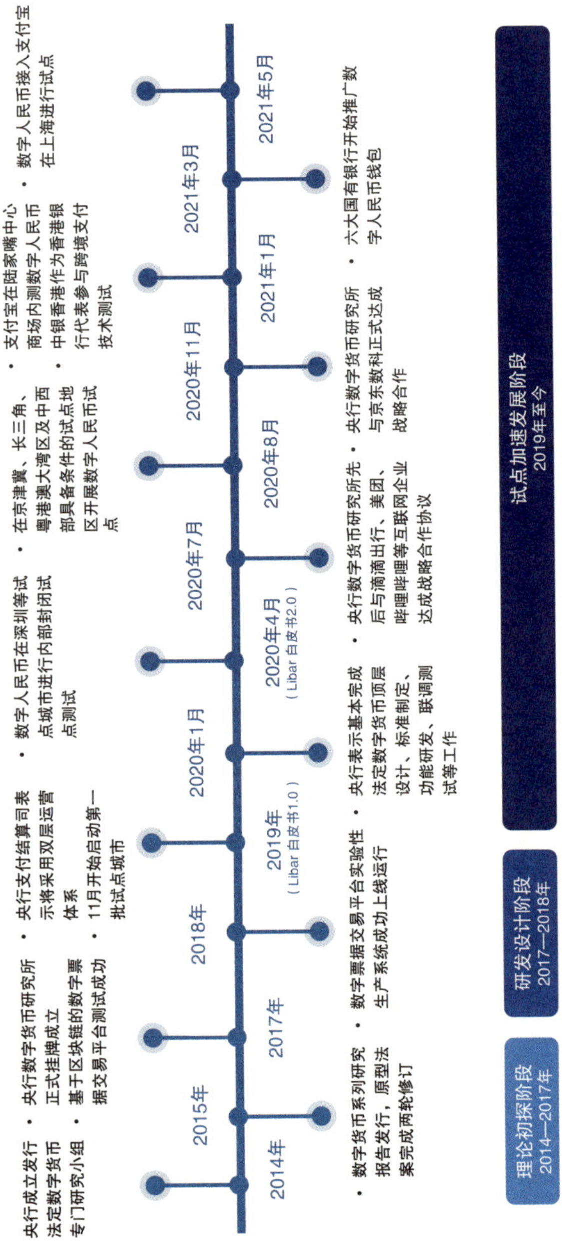

图4-1 央行数字人民币发展里程碑

（二）数字人民币对智慧金融的影响

1. 数字人民币对智慧金融的促进作用

数字人民币背后的金融科技可能引发金融变革，数字人民币尖端技术依赖于智慧金融的技术能力，利用智慧金融技术提升金融交易效率，有助于提高支付效率，降低支付成本，助力普惠金融发展。数字人民币的使用能给国内移动支付市场提供更加多元的选择，在移动支付市场饱和的情况下，中国人民银行数字人民币的推出给移动支付带来更多元的生态环境。

在5G万物互联时代，物与物能够实现互相连接，技术的进步为移动支付的发展提供了更多的可能性，移动支付的支付方式和应用场景将会更加丰富。人工智能中的生物科技、生物识别技术将与5G应用进行更为广泛的紧密结合，如眼动识别、脑电波检测、人脸微表情识别、姿态识别、声纹识别、生物芯片识别等技术，都会对支付方式造成巨大影响。

2. 数字人民币对金融服务思维的变革

2020年以来，数字人民币的相关场景不断拓展，随之而来的是政府在政策上的倾斜和支持。商务部及各地试点城市地方政府等为促进本地数字人民币的发展，在金融科技、自由贸易、经济改革等多个方面发布相关指导政策及落地建议，助力数字人民币与各地区商业、人文特色融合，探索更丰富的应用场景。

数字人民币对金融服务有更多不同的影响。一是服务对象变更。从货币角度定义，数字人民币定位于M0，它同实物人民币一样不计付利息，中国人民银行不向指定运营机构收取兑换、流通服务费用，指定运营机构也不向个人客户收取数字人民币的兑出、兑回服务费。从资产角度定义，客户从持有传统金融机构资产（如存款、理财、贷款等）转变为持有数字人民币，会计科目将由表内账转为表外账。二是服务思维变更。资产方式的改变意味着传统的提高准备金到提高收益规模在数字人民币这块可能没法行得通。但数字资产一定是未来数字经济的基础设施，如果数字人民币是数字资产最通用的成员，那么如何把握数字人民币的流量入口将成为金融机构拓客、活客的关键。这需要金融机构变革服务思维，从资金沉淀导向转向流量引导，从自身业务结构及发展方向出发制定流量转化策略，这是金融机构实现数字化转型的重要一环。

（三）数字货币的发展趋势

1. 5G+数字人民币的应用融合发展

在5G时代，场景化金融将迎来新的发展，大量生活场景将被赋予金融属性，金融服务将无处不在，人们所需的金融服务将穿插在衣食住行等各个场景中。

（1）5G消息平台+数字人民币推广。目前开通数字人民币钱包需要在数字人民币App中进行，但如果每个银行都能在5G消息平台上设立Chatbot聊天机器人，用户便可以通过此Chatbot办理一些银行基础业务，例如开通数字人民币钱包。而且，5G消息以电话号码为社交账号，通过5G消息平台开通数字人民币钱包，可省去电话号码接收验证码的步骤。

（2）5G消息平台+数字人民币用户身份识别模块（SIM）卡

硬钱包。目前，中国移动、中国电信、中国联通三大通信运营商所开展的数字人民币SIM卡硬钱包、SIM PAY业务均需要App支持。通过设立在5G消息平台上的Chatbot，这些需要打开App来办理的业务如开户、充值、支付等，均可以集成到5G消息平台。这同样是5G消息轻量化特点的体现，在提高用户便捷度的同时，对产品的营销也有帮助。

2. 央行数字货币：跨境壁垒打通的另一种可能?

国际清算银行调查显示，提高支付效率和金融普惠性是零售中央数字货币的最主要动机。跨境支付被认为是各国现有支付体系的普遍痛点。当前国际最主流的国际支付清算系统（SWIFT）存在费用高、耗时长、流程透明度低的问题。构建运行良好的央行数字货币跨境交易基础设施将是国际社会的共同需求，同时也会进一步拉近国家之间的合作，是加快经济金融全球化进程的必然要求。

四、未来金融机具发展趋势

5G+金融时代，科技金融浪潮席卷全球，以资源共享、线上线下融合、数字化为主要特征的移动互联网经济正在加速变革金融业的金融生态、市场环境和商业模式，生态银行已成为未来商业银行发展的重要方向。银行智慧网点建设基于5G网络的大带宽、广连接、低时延特性，能优化服务流程，提升客户体验，升级智能终端接入，丰富服务场景和个性化业务，延伸服务内容、降低运维成本、促进普惠金融发展。

（一）银行金融机具的发展背景

目前银行主要涉及的金融机具是与现金流、票据流、客户流及数据流相关的。以往客户需通过传统高柜与柜员面对面交流，办理存取款、转账、开卡、挂失、开网银等现金业务，这样不仅浪费客户的等待时间，而且容易导致柜员资源紧张、影响客户体验。

此外，银行自助机具不能灵活地满足各种客户随时随地办理开卡、激活等业务的需求，银行亟待让柜员携带便捷设备走出去延伸网点业务、提高客户转化率。

为更好地解决上述问题，未来银行金融机具将朝着去高柜化，业务融合与延伸、云柜员等趋势发展，以延伸网点业务、提高客户转化率。在数字货币大背景下，便携式制发卡机、桌面式数字钱包发放机、政务一体机等小型机具也应运而生。

（二）未来金融机具的发展趋势

1. 业务融合

银行作为一类特殊的机构，可以依托其现有的银行网络、网点覆盖和安保优势，推广和参与智慧政务建设，助力推进国家治理体系和治理能力现代化。银行智慧化网点升级和建设可以润物细无声地解决社会难点和民生痛点，用金融科技的理论助力政府打造覆盖全社会的公共服务平台生态，如图4–2所示。

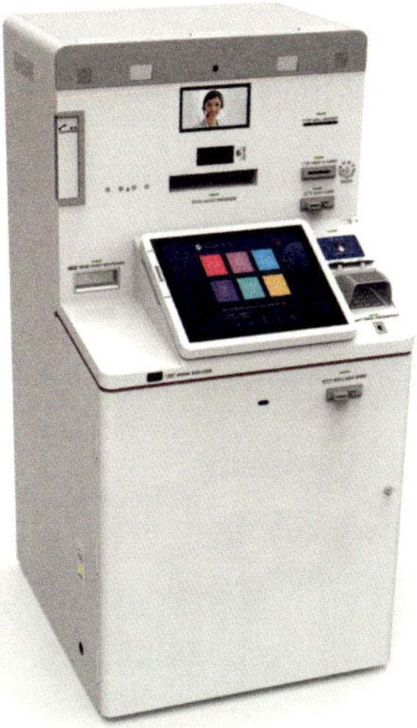

图4–2　实现业务融合的自助政务设备

这种新型的银政合作方式开辟了服务新渠道，对助力政府推广“一网通办”线下渠道具有良好的借鉴意义，坚守金融本源，打造主动服务社会发展的新格局。

2. 业务库

在传统银行网点的日常运营中，现金和贵金属在夜间需集中押运至中央库房进行保管，押运成本逐年攀升，网点基层员工押运交接工作强度大、工作时间长。同时，由于移动支付和自助机具的快速推广，每日实行现金和贵金属集中保管的必要性降低。

在推进网点转型升级的过程中，应顺应金融发展趋势，建设低现金储备的轻型网点，同时中小型网点可自建业务库，通过科技化手段建设数字化风控安全体系。智能四类业务库通过配备四类业务库标准库体、A级金库门、动态密码锁、机械密码锁、高清操作屏、生物识别、联网报警系统、RFID钱箱识别等模块，实现日常网点运营、现金夜间留行管理、联网实时报警、生物识别授权、多重身份验证、钱箱自动识别、实时自动盘点、存取记录追溯等功能，大幅减少押运次数。能够有效解决网点押运内容和押运频次问题，既可免去每日押运，也可保障网点员工能够按时上下班，提高员工的幸福感，降低柜员流失率。银行业务库如图4–3所示。

图4–3　银行业务库

3. 去高柜化

集成低柜是智能设备与家具完美结合形成的办公设备，它将对私对公自助系统、柜面系统、双录系统等进行多渠道融合，可以实现客户非现金业务的“一站式”办理；同时，客户可以与柜员面对面“坐式”办理业务，让客户享受到“一对一”的VIP服务，在分流高柜业务和提高网点资源利用率的同时，显著提升客户的满意度和柜员的营销成功率。

如图4–4所示，去高柜化以低柜为载体，将柜员PC机、高拍仪（柜内清）、电子操作屏、打印机、批量扫描仪、非接触式读卡器、人脸识别双目摄像头、双录设备、指纹识别设备、通信模块等与办公机具一体化集成，通过技术与设计艺术的融合，极大提升客户舒适度和人机交互操作体验。去高柜化设备适配对公自助、对私自助、理财双录等多种渠道，可以在安全、高效把握客户信息的同时，满足银行业务的个性化、体系化服务需求。

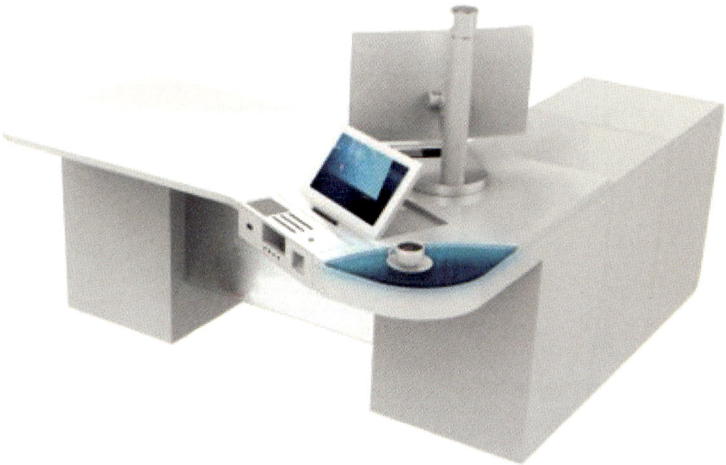

图4–4　银行集成低柜

除低柜业务外，5G时代，与传统物理网点相比，智慧网点将更加“便捷化”，例如基于面部识别、生物识别等技术，客户能够在网点自助设备上便捷、实时地办理指定业务。智慧网点能够借助大额现金业务自助一体机、非现金业务自助机、数字货币钱包发放机、外币兑换机等设备实现网点的智慧分区，网点将更加轻型化，智慧网点能够根据客户的流量和需求及时调整网点的业务区域，进一步缩短客户的等待时间。

（三）金融机具的发展前景

在5G技术的支持下，以上趋势可让银行网点构建“技术应用+服务功能+场景链接+生态融合”四位一体的智慧服务体系，从而使客户充分感受到更具科技感、未来感、温度感的金融服务；这些趋势通过5G技术、大数据处理技术、人工智能筛选技术等应用，让金融服务更加下沉，可覆盖到从未接受过金融科技服务的用户，并为他们提供确实符合其最大利益的服务；这些趋势让在任何需要的地点提供金融服务成为现实，咖啡店、茶坊、商场、餐厅等人们日常生活中的线下场景都将成为银行金融服务的场景。

五、元　宇　宙

（一）何为元宇宙?

首先，我们要明确何为元宇宙。

元宇宙（metaverse）一词由meta和verse组成，meta表示超越，verse代表宇宙（universe），它们合起来表示“超越宇宙”的概念：一个平行于现实世界运行的人造虚拟空间。“元宇宙”的8个关键特征分别为身份、朋友、沉浸感、低时延、多样性、随地、经济系统和文明。其中，文明是元宇宙的最终发展方向。元宇宙需要满足几个条件：一个虚拟身份、具有现实感的真人社交、随时随地登录、极低的时延、大量且多样化的内容、完整的经济系统、安全且稳定。

目前来看，元宇宙是现实世界的映射，是一个和现实世界平行存在，且能够互相连通、互相影响、可持续的虚拟网络世界，它由一系列的增强现实（AR）、虚拟现实（VR）和互联网（Internet）组成。在元宇宙中，每个用户都可以拥有一个专属的虚拟身份，能够和其他用户进行社交、娱乐、商业等活动，甚至一起完成工作。

元宇宙的出现，为人们描绘了一种未来社会的生态图景，它将成为数字经济创新和产业链拓展的新领域。元宇宙最吸引人的特征之一是它提供了一个开放、可以自由创造的经济系统，用户在其中可以创造、拥有、交易数字资产和虚拟产品。而对于银行等金融机构而言，元宇宙可能是一种更超前和更有深度的数字化转型方向，以此为契机，着眼于数字经济，持续进行数字化探索和迭代创新，打造更加便捷的金融服务体验，增强客户黏性，已是金融机构当下不容错过的重要赛道。

（二）元宇宙时代金融业务模式畅想

元宇宙将给商业银行带来全新的金融服务场景，体现在重塑客户体验、运营管理及金融生态构建等诸多方面。比如，元宇宙将改善客户体验，服务将不再受物理空间距离和时间的限制，客户无需等待就可以办理支付、结算等业务。

1. 无感体验金融产品

元宇宙中都是游戏化的支付和金融交易，如果在元宇宙里面也要客户输入姓名、手机号、身份证号、卡号等信息，客户一定会转身就走。所以在元宇宙中，建议可以通过硬件芯片进行身份识别和验证，开发无感式的账户开立流程，人脸识别、协议确认等可以通过游戏的方式流畅地执行。比如VR眼镜、元宇宙传感设备自带的安全芯片，客户的身份和账户信息可以储存在芯片中，和元宇宙的金融体系进行后台化、安全、无感的互动。

2. 沉浸式的金融客户陪伴

在元宇宙中，客户经理像玩游戏一样和客户互动，通过元宇宙的游戏化交互，将增强客户和客户经理的互动，增加客户对客户经理的认识。比如在虚拟世界中，客户经理可以陪客户去墨西哥的海边看夕阳、去登顶珠穆朗玛峰、去西藏看布达拉宫、和客户听虚拟歌手音乐会……

3. 金融产品实时创造

元宇宙中的金融产品千变万化，不再一成不变。在元宇宙中，根据客户的需求，在金融监管和银行管理的规定下，产品经理通过手势拖拽进行现场全流程的数字化产品制造。产品实时制造，对科技平台的能力要求非常高，要求具有强大的模块化、组件化的元宇宙业务中台，以往的立项、开发排期、测试、合规检查等，在元宇宙中都要求瞬时完成，这要求极强的云计算能力、极高的智能程度以及自动化的智能合约审批流程。

4. 游戏、景点成为银行流量的源泉

在元宇宙中，银行可以把分行开在珠穆朗玛峰上，开在塔里木盆地里，开在昆仑山上，开在九寨沟里面，银行会结合这些宏伟的地标，充分地个性化装扮自己的分行网点，展示自己的产品。虚拟景点将会给元宇宙分行带来高黏性的流量。元宇宙分行会基于这些地标，结合神话故事，开发结合景点的闯关游戏和场景，提升吸引力和流量。

5. 金融数字机器人产品将大量使用

未来银行将大量开发可在元宇宙中服务、获客、经营流量的金融数字机器人，这些数字机器人背后可以由真人驱动，也可以半真人驱动，或者全人工智能驱动。这些数字机器人将能够基于不断发展的智能、知识和情感，为银行获取客户、资金、品牌和业务发展。

6. 区块链、数字货币将成为高频的金融产品

在元宇宙中，区块链、数字货币具有天然的优势。这些技术由于天然的数字化，可以在元宇宙中更好地串联起虚拟产业链。法定数字货币的国家信用背书不会变，它具备加密特性、可编程特性、可回溯特性，在元宇宙中结合场景、游戏、产业生态、角色等元素后，数字货币的创新将远远超过纸币和电子现金。智能合约将成为高频使用的银行数字化编程工具。以太坊的生态功能和价值交换功能，也将使银行更方便地和产业、同业机构交换价值、数据、业务。

7. 银行数字孪生的浪潮

数字孪生是现实世界的镜像，是现实世界中的各种生产要素，如生产资料、资产、人，乃至业务和流程的数字化表达和建模。在数字孪生中，银行的场景建设将极大地繁荣，银行将掌握更多的自有场景，也会将元宇宙中的业务和线下的业务充分地融合起来，用元宇宙叠加线下，带来新的价值。

（三）元宇宙下金融行业的未来发展趋势

由于元宇宙本身是一个开放的生态平台，人们可以自由地在其中建立经济系统，而金融设施作为经济运转的一个组成部分，是元宇宙不可分割的一部分。不可否认的是，元宇宙作为一种新的生态和交互方式，金融系统在其中的搭建和运作还有很长的路要走，也会遇到很多挑战。

一是元宇宙强调沉浸式的金融客户陪伴，银行面临如何利用元宇宙的技术给客户提供更好的体验，从而增强客户黏性的挑战；二是元宇宙强调研发无感体验金融产品，给银行风控体系带来挑战，包括网络安全、身份识别和数据安全等方面；三是元宇宙强调数字市场和现实世界的交互，给银行的产业生态和场景嵌入带来挑战，涉及银行的业务模式、管理模式、组织架构等方面的变革。

元宇宙时代已经开启，处于元宇宙社交概念下的海量年轻群体能否成为商业银行金融业务的未来增长源，“元宇宙银行”会不会作为一个新概念，在不久的将来成为金融业的竞争高地，让我们拭目以待。

六、未来挑战

未来的蓝图已在一笔笔勾勒，时代的洪流裹挟着我们向前奔腾，智慧金融已成为金融业下个阶段的主旋律，然而在这波澜壮阔的画卷下，也依然隐藏着危机。

纵然智慧金融能给金融业带来巨大的变革，但在这变革之下仍有隐患，其中风险识别是我们要关注的重中之重。在金融业务愈发智能化的趋势下，如何识别数据的真伪、怎样确定模型的准确性，对于金融从业者来说都是巨大的挑战。未来全自动化的金融业务办理先依托大数据评估客户再进行决策，然而在这种操作模式下，一旦数据缺失、造假抑或中断，那么其得出的结论很可能失之毫厘，谬以千里，更为可怕的还有数据的泄露，这一点从电信诈骗屡禁不止就可见一斑，个人信息的泄露对于每个人来说都是难以接受的，这是我们未来要面对的数据风险。

另一种风险是技术层面的，包含算法的可解释性和可评估性，数据构造的模型是否精准、可信，要如何评估，我们尚未得出统一的观点，甚至分布式系统也存在一定的技术风险。

那么在这些风险来临前，我们又将以什么样的方式去应对？静待时间给我们答案。

参考文献

艾瑞咨询. 2021年中国人工智能基础层行业发展研究报告［EB/OL］.（2021-07-20）［2022-04-05］. https://www.jiemian.com/article/6379056.html.

陈兵，邱思梦. 5G时代商业银行发展的机遇与挑战［EB/OL］.（2020-09-21）［2022-04-23］. https://www.financialnews.com.cn/ll/gdsj/202009/t20200921_201376.html.

陈静岚. “5G消息”应用案例！七大银行试商用情况汇总！［EB/OL］.（2021-02-18）［2022-04-28］. https://blog.csdn.net/uxuepai5g/article/details/113855844.

程琳琳. CWW记者听会|基于5G云网基础设施，中国移动联合全国近千家医院开展创新实践［EB/OL］.（2021-09-30）［2022-04-06］. https://baijiahao.baidu.com/s?id=1712316523922511547&wfr=spider&for=pc.

单体选. 解决三个问题 推进农商行数字化转型［EB/OL］.（2021-09-27）［2022-04-25］. https://www.163.com/dy/article/GKUA81OJ0550D6TP.html.

黄国平. 数字技术推动普惠金融高质量发展［EB/OL］.（2021-06-18）［2022-03-06］. https://view.inews.qq.com/a/20210618A0AZI700.

李冰，张博，余俊毅. 八大专家心中的“银行元宇宙”：“银行+元宇宙”时不我待 “元金融”变革行业在即［EB/OL］.（2022-01-08）［2022-05-11］. http://www.zqrb.cn/jrjg/hlwjr/2022-01-28/A1643297771293.html.

李东骏. 银行业中动产抵押权的现状研究.［EB/OL］.

（2014-06-05）［2022-05-14］. https://wenku.baidu.com/view/6ec61cc4142ded630b1c59eef8c75fbfc77d9460.html.

李杰. 金融科技讲武堂丨场景金融建设［EB/OL］.（2019-09-06）［2022-04-17］. https://www.sohu.com/a/339180628_672569.

李杰. 农业银行李杰：场景化金融开始为客户提供无处不在的服务金融电子化［EB/OL］.（2019-09-08）［2022-04-18］. https://www.iyiou.com/news/20190908111809.

刘海涛. 物联网金融的未来［EB/OL］.（2020-07-21）［2022-04-25］. https://wenku.baidu.com/view/8ea940a8af51f01dc281e53a580216fc710a5311.html.

陆岷峰. 场景金融生态圈建设，切口在于结算工具［EB/OL］.（2022-01-12）［2022-04-14］. https://www.163.com/dy/article/GTGMLDEA05198086.html.

祁雅倩，张磊. 基于云计算的智慧金融构建［J］. 福建电脑，2013，29（11）：4.

苏洁. 元宇宙金融有多远［EB/OL］.（2022-02-14）［2022-05-07］. https://baijiahao.baidu.com/s?id=1724701549209106927&wfr=spider&for=pc.

孙杨. 元宇宙是银行数字化转型的尽头［EB/OL］.（2022-03-07）［2022-05-09］. https://www.fx361.com/page/2022/0307/10116644.shtml.

谭乐之. 5G改变保险业务模式.［EB/OL］.（2021-06-03）［2022-05-17］. http://jrj.wuhan.gov.cn/ztzl_57/xyrd/bxy/202106/t20210603_1712493.shtml.

田晓. 金融科技助力下远程银行发展的思考［EB/OL］.（2022-03-26）［2021-03-25］. https://www.sohu.com/na/457269339_672569.

图灵资管．互联网金融（三）：金融行业信息化发展历史［EB/OL］．（2019-08-04）［2022-05-04］．https://ishare.ifeng.com/c/s/7orxM7c8y7Z.

王力．金融机构数字化转型的新趋势［J］．银行家，2020（7）：4-5.

杨望．金融科技变中求进［EB/OL］．（2021-03-02）［2022-04-26］．https://baijiahao.baidu.com/s?id=1693120707085239793&wfr=spider&for=pc.

杨志明．5G通信网络对大数据技术的发展与促进［J］．电子测试，2020（21）：119-120.

佚名．5G商用时代带给中国实体店铺及电子商务行业的变革［EB/OL］．（2020-11-02）［2022-04-06］．https://www.sohu.com/a/428947592_787198.

佚名．5G时代，金融应用如何被重塑？［EB/OL］．（2020-12-19）［2022-05-15］．https://baijiahao.baidu.com/s?id=1686473486299994491&wfr=spider&for=pc.

佚名．5G消息＋数字人民币三大电信运营商应用进展及思考．［EB/OL］．（2021-10-31）［2022-05-13］．https://new.qq.com/omn/20211031/20211031A09NY100.html.

佚名．5G与区块链的融合［EB/OL］．（2020-03-06）［2022-05-12］．https://zhuanlan.zhihu.com/p/111280011?ivk_sa=1024320u.

佚名．5G真的来了，对物联网到底有什么影响呢？［EB/OL］．（2020-02-25）［2022-04-18］．https://blog.csdn.net/weixin_46039078/article/details/104497230.

佚名．5G智慧金融解决方案［EB/OL］．（2020-12-29）［2022-04-25］．https://wenku.baidu.com/view/26857494332b3169a45177232f60ddccdb38e64e.html.

佚名．5G重塑银行渠道！两家大行试水“消息即服务”［EB/OL］．（2020-12-25）［2022-04-28］．https://baijiahao.baidu.com/s?id=1687042542795920011&wfr=spider&for=pc.

佚名．2022年云计算五大趋势值得关注［EB/OL］．（2021-12-17）［2022-04-29］．https://baijiahao.baidu.com/s?id=1719373682912311330&wfr=spider&for=pc.

佚名．VR虚拟现实商城、会展整体技术解决方案［EB/OL］．（2020-11-26）［2022-04-09］．https://wenku.baidu.com/view/6a041e8f0329bd64783e0912a216147916117e52.html.

佚名．基于区块链和5G网络技术的电子金融风控支付系统的制作方法［EB/OL］．（2020-11-20）［2022-05-06］．http://www.xjishu.com/zhuanli/55/202010501882.html.

佚名．揭秘：如何打造多重赋能型数字化银行？［EB/OL］．（2018-09-14）［2022-04-26］．http://news.idcquan.com/news/150365.shtml.

佚名．金融科技丨云计算在金融领域的应用前景分析［EB/OL］．（2019-06-21）［2022-04-28］．https://t.cj.sina.com.cn/articles/view/5681117392/1529ef8d000100onor.

佚名．面向未来数据中心基础设施的关键：规模化布线支持物联网业务发展［EB/OL］．（2021-09-04）［2022-04-24］．https://baijiahao.baidu.com/s?id=1709966631007920306&wfr=spider&for=pc.

佚名．南财快评：央行数字货币跨境合作重构国际金融新秩序．［EB/OL］．（2022-02-28）［2022-05-13］．https://baijiahao.baidu.com/s?id=1726015208301286541&wfr=spider&for=pc.

佚名．物联网概念简述［EB/OL］．（2021-09-15）［2022-04-16］．https://zhuanlan.zhihu.com/p/129875002.

佚名. 银行数字化转型新方向-场景金融［EB/OL］.（2020-04-03）［2022-04-09］. https://baijiahao.baidu.com/s?id=1662919591674269194&wfr=spider&for=pc.
佚名. 银行为什么要进行数字化转型［EB/OL］.（2022-03-23）［2022-04-23］. https://baijiahao.baidu.com/ s?id=1736132826029837099&wfr=spider&for=pc.
佚名. 银行业中动产抵押权的现状探究［EB/OL］.（2022-05-13）［2022-04-27］. https://wenku.baidu.com/view/6ec61cc4142ded630b1c59eef8c75fbfc77d9460.html.
佚名. 元宇宙抢滩行动开启，企业可在其中获得哪些机会［EB/OL］.（2021-11-04）［2022-05-07］. https://view.inews.qq.com/a/20211104A02Y9J00.
佚名. 元宇宙已来，元宇宙银行还远吗［EB/OL］.（2022-01-11）［2022-05-09］. http://field.10jqka.com.cn/20220111/c635862820.shtml.
佚名. 中国信通院发布："5G+金融"应用发展白皮书［EB/OL］.（2019-11-27）［2022-05-06］. http://5g.idcquan.com/5Gzixun/172479.shtml.
张敏敏. 云计算在金融领域的应用前景分析［EB/OL］.（2019-03-18）［2022-04-29］. https://www.xdsyzzs.com/jinrongshixian/5080.html.
张秦华. 信息化建设是理财子公司竞争力提升的关键因素［J］. 金融电子化，2021（8）：26-28.
张侠. 观点|5G、云计算、物联网与边缘计算的相辅相成［EB/OL］.（2019-11-13）［2022-05-07］. http://www.cena.com.cn/ia/20191113/103285.html.
赵小飞. 当中国"有财"的行业，决心主动布局物联网［EB/OL］.（2021-04-06）［2022-04-18］. https://36kr.

com/p/1169947820199175.

中国联通研究院，中兴通讯股份有限公司．“5G+区块链”融合发展与应用白皮书［EB/OL］．（2019-11-08）［2022-02-25］．http：//www.cbdio.com/BigData/2019-11/08/content_6152683.htm.

中国人民银行数字人民币研发工作组．中国数字人民币的研发进展白皮书［EB/OL］．（2021-07-16）［2022-02-28］．https://baijiahao.baidu.com/s?id＝1705427637010188117&wfr＝spider&for＝pc.

中国信息通信研究院．大数据白皮书（2020年）［EB/OL］．（2020-12-29）［2022-04-25］．https://www.sohu.com/a/441190793_653604.

中国信息通信研究院．区块链白皮书［EB/OL］．（2021-12-26）［2022-03-25］．https://xw.qq.com/cmsid/20211226A03JYM00.

中物联金融专委会研究咨询中心．如何长效维护仓单交易及融资的便捷与安全？中仓单这样破解！［EB/OL］．（2018-01-11）［2022-05-13］．https://baijiahao.baidu.com/s?id=1589278498477942973&wfr=spider&for=pc.

IDC.IDC发布最新人工智能支出指南：2025年中国人工智能市场总规模预计将超184亿美元［EB/OL］．（2022-03-11）［2022-04-25］．https://mp.weixin.qq.com/s/2kvmRLNtvr9I3oy6TKRmXw.

IDC．2024年，中国大数据市场规模将超220亿美元［EB/OL］．（2021-03-09）［2022-04-05］．https://mp.weixin.qq.com/s/n_gHmq77Db0PbItMXViYbQ.

后记

5G是一场信息技术的革命性飞跃，为万物互联提供了重要的技术支撑，有望带来移动互联网、产业互联网的繁荣，为众多行业提供前所未有的机遇，从而引发整个社会的深刻变革。什么是5G？5G将如何赋能各行各业并促进新一轮的产业革命？这些问题都可以从“5G的世界”这套丛书中找到答案。

本套丛书第一辑包括5个分册，已于2020年8月正式出版，得到了社会各界的认可，获得了“2020年全国优秀科普作品”“广东省委宣传部2020年主题出版重点出版物”“广东省出版集团2020年度好书奖”“2021年广州地区优秀科普图书作品”等荣誉，并入选“2020年中国图书对外推广计划”（全国共53项入选，本套丛书是广东省内唯一入选项目）。目前本套丛书已向其他国家和地区输出7种外文版权，其中英文版已由新加坡世界科技出版公司出版发行。在此基础上，我们再接再厉，继续推出“5G的世界”系列丛书第二辑，包含《5G的世界　智慧教育》《5G的世界　智慧媒体》《5G的世界　智慧餐饮》《5G的世界　智慧金融》《5G的世界　智慧农业》等分册。

《5G的世界　智慧教育》由广东万嘉通通信科技有限公司协同华南师范大学杨宁教授、中山大学赖剑煌教授共同打造。该书从教育的源起、现状到发展趋势，娓娓道来。聚焦技术带来的教育变革，引出5G如何赋能智慧教育的发展，介绍融合了5G技术的智慧教育新形态，诠释智慧教育中的代表性实例，最后对智慧教育的未来进行展望。

阅读此书，读者可以一览5G技术赋能的智慧教育体系，深刻认识未来形式多样的教育数字生态，感受科技赋予教育变革的强劲动力。同时，书中对教育的本质也有深刻的见解，在技术奔流向前的时代，人在教育中的主体角色不应被忽视。

《5G的世界　智慧媒体》由广东财经大学周善副教授主编。该书梳理了智慧媒体的发展历程，着重阐述5G技术如何在智慧媒体的各个关键环节发挥作用，并以5G赋能视频化时代为主题，进行了令人印象深刻的应用场景描述。最后，给出了对智慧媒体未来发展的“冷思考”，即在与新技术一起飞翔的同时，新闻媒体与生俱来的本真不应被技术的洪流冲刷殆尽。

《5G的世界　智慧餐饮》由广东优信无限网络股份有限公司协同广东财经大学共同打造。该书纵观历史古今，横跨东西方，探讨饮食文化的历史演变，聚焦中国餐饮行业的缘起、特征、现状和趋势，深刻阐释技术如何将传统餐饮转变为智慧餐饮，引出5G技术如何赋能智慧餐饮的发展以及智慧餐饮当下的应用场景，最后对智慧餐饮的未来进行展望。阅读此书，读者可以一览5G技术赋能的智慧餐饮体系，感受科技赋能餐饮变革的强劲动力。

《5G的世界　智慧金融》由广州广电运通金融电子股份有限公司打造。该书系统阐述了智慧金融的发展史，着眼于技术带来的金融行业变革，聚焦5G如何与智慧金融融合，以及5G在智慧金融各方面发挥的举足轻重的作用。全书以5G+智慧金融为立足点，纵观5G时代下智慧金融的应用场景以及5G技术下的智慧金融新形态，解读智慧金融中的典型案例，最后对智慧金融的未来进行展望。阅读此书，读者可以完整了解5G技术赋能下的智慧金融体系，领略未来丰富多彩的金融数字生态形式，体验科技给予金融变革的高能动力。与此同时，本书对于金融行业的本质也有独树一帜的深刻见解。

《5G的世界　智慧农业》由仲恺农业工程学院协同多家企业共同打造。该书通过对农业发展史的回顾，分析农业发展在信息时代的新形势、新机遇、新挑战，阐述了5G技术如何赋能智慧农业，着重介绍了5G技术在农业中的应用实例，最后对智慧农业的未来进行展望与思考。通过本书，读者能够了解到5G引领的智慧农业技术体系，认识到智慧农业是农业的发展趋势，感受到5G技术为智慧农业带来的无限发展空间。

最后，特别感谢科技部国家重点研发计划项目“兼容C波段的毫米波一体化射频前端系统关键技术（2018YFB1802000）”、广东省科技厅重大科技专项“5G毫米波宽带高效率芯片及相控阵系统研究（2018B010115001）”继续对本套丛书的资助。

5G以前所未有的速度和力度带来技术的革命、行业的升级、社会的巨变，也带来极大的挑战，让我们在5G的浪潮中御风而行、与时俱进吧！

薛泉

2022年9月